シュモラー（1838 ～ 1917 年）

クニース（1821 ～ 1898 年）

ナウマン（1860 ～ 1919 年）

メンガー（1840 ～ 1921 年）

レーデラー（1882 ～ 1939 年）

ノイラート（1882 ～ 1945 年）

〈写真出所〉

クニース、シュモラー、メンガー：portrait.kaar.at より。

ナウマン：Theodor Heuß, *Friedrich Naumann: Der Mann, Das Werk, Die Zeit.* Stuttgart und Berlin 1937 より。

ノイラート：Alexius Meinong-Institut（Universität Graz）提供。

レーデラー：E. Lederer, *Kapitalismus, Klassenstruktur und Probleme der Demokratie in Deutschland 1910–1940,* Hrsg. v. J. Kocka, Göttingen 1979 より。

ドイツ経済思想史論集 I

Gesammelte Schriften zur deutschen Entwicklung ökonomischen Denkens

小林純
Jun Kobayashi

唯学書房

はじめに

本書には、ドイツ経済思想史の領域においてこれまで書物や雑誌などに発表したものを収めた。ただヴィーンのノイラートが入っているから、厳密には、ドイツ語圏経済思想史の、と言うべきかもしれない。まず初出を示しておく。

カール・クニース――ドイツ歴史学派の倫理的経済思想、大田一廣・鈴木信雄・高哲男・八木紀一郎編『経済思想史――社会認識の諸類型』名古屋大学出版会、一九九五年四月
十九世紀ドイツの経済学観――シェーンベルク版ハンドブックをめぐって、『立教経済学研究』第六五巻第二号、二〇一一年一〇月
ワルター・ロッツの経済政策観、住谷一彦・田村信一・小林純編『ドイツ国民経済の史的研究――フリードリヒ・リストからマックス・ヴェーバーへ』御茶の水書房、一九八五年一一月
経済統合の系譜――ナウマン『中欧』論によせて、田中豊治・柳澤治・小林純・松野尾裕編『近代世界の変容――ヴェーバー・ドイツ・日本』リブロポート、一九九一年九月
エミール・レーデラーの位置をめぐって、八木紀一郎・住谷一彦編『歴史学派の世界』日本経済評論社、一九九八年一月

ヴィーンのオットー・ノイラート――一九二〇年代の実践活動、住谷一彦・和田強編『歴史への視線』日本経済評論社、一九九八年一〇月
エミール・レーデラーのこと、『創文』二四四号、創文社、一九八四年五月
不確実性、秩序、倫理――最近のドイツ経済学史の研究から、『季刊経済と社会』四八号、時潮社、一九九七年二月

収録にあたっては、表記の統一をはかり、明確な誤りは修正し、一部表現を改めたり語を補ったところがある。この一〇年ほどの間に私の問題関心は変化したが、マックス・ヴェーバーを軸にドイツ経済思想の展開を理解しようという意識は続いている。また、理論史ではなく、経済史的展開と不可分の思想史的展開を追っているつもりである。ロッツやナウマン、レーデラーの部分では経済史的記述が多くなっているが、政策思想のうちにこそ、理論史では扱われなかった論点が展開されるし、レーデラーが「セー法則」の克服をケインズに先んじて試みたように、理論史への接続論点もまだ埋もれているであろう。目次のごとく、一九世紀中葉からヴァイマル期までの展開からトピックを拾い出し、テーマ化して扱ったものをほぼ時代順に並べてみた。これらのテーマには、ヴェーバー研究の過程で引っかかってきた論点を少し追いかけたもの、という共通点があり、あとがきでそのことに触れておいた。

どのテーマも『経済学史』の教科書では裏通りの扱いとなるのだが、私はこれがほぼドイツの表通

りだと感じている。一般に、経済的自由主義（economic liberalism）とはフリートレイド（free trade）のことを言う。その中身は「営業の自由」と「自由貿易」とされる。経済的自由主義の広まりの中でそれを理論的に根拠づけたアダム・スミスの『国富論』（一七七六年）が出され、スミスは経済学の父とすら称されている。だが、英国から見ると相対的後進国のドイツでは、フリードリヒ・リスト（『経済学の国民的体系』一八四一年）が具現するように、国内の自由な経済活動の促進と保護貿易主義とは共存しえたのである。このことから、リベラリズムとフリートレイドという二つの語は同じ中身をもったものではないことが示唆される。こうして後進国ドイツから眺めることで、リベラルな経済思想から生まれたとされる経済理論の陥穽を突くことができるのではないか――こんなことを最近は感じている。シュモラーの近代化構想や幾度か繰り返された経済圏をめぐる議論は、ドイツ史の表通りに位置づけられるものである。

マルクス主義経済学にしても、「正統派」は生産手段の社会化の具体像を描くことに手を染めることなく革命を説いてきた。第一次大戦後にドイツとオーストリアで社会民主党が政権に就いた後の時代にあっては、もはやそうもいかなくなった（はずである）。レーデラーやオストロマルクス主義者は、経済運営を担う立場から思想を展開していた。彼らはどこかで労働価値論を離れて政策提言に乗り出したのではないだろうか。彼らは、オーストリア学派やシュンペーターに影響を受けており、労働価値学説史の系譜には属さぬものたちである。

本書で扱った人物のうち、レーデラーとノイラートについては論稿発表後に日本での研究もずいぶん進展し、問題関心の変化も見られる。私の関心も変化しており収録にはためらいもあったが、論点紹介の一部にはいまだ存在価値があると考えて収録した。

ドイツ（語圏）経済思想史という表現になにか積極的な意味があるのかと問われれば、上述したように、経済学の母国から見て相対的後進国となる国の一つを扱うことに含まれる意味を探る、というのが正当な答え方の出発点にはなろう。その中身については、各章の叙述の中で触れることもあったので、そちらに委ねたい。それとはまた別に、ここではあえて、英語以外のものを読むこと、という答を提出してみたい。近年では、ヴェーバーを論じた書物でも、ヴェーバーをすべて英語で読むことで成ったものすら出されている。単に「英語帝国主義」への反発というのではなく、できるだけ当該人物の書いた言語に触れて、その時代、その社会状況で何を言おうとしているのかを探る、というのが思想史の基本作業だと考えるからである。一種の普遍言語化しつつある経済学（理論的思考）で整序できる部分は、あるだろう。だがそれとて、一定の状況下になされた、時代的文脈の中での思考がまずあってのことである。日本の経済学史研究を牽引した内田義彦氏と小林昇氏の間でなされた論争が、『国富論』という新たな経済学体系の成立の瞬間を捉えようとする試みの中で行なわれ、イギリス重商主義期の歴史の実相にそくしてその言説を分析・解釈する作業が基礎にあったことを想わざるをえない。トレイド、コマース、インダストリーといった語をどんな日本語で表現するかに悩むことに始まり、自由貿易論者の言う「自由」がいかなる質のものかを確定する作業を経るのでなければ、アダム・スミスの歴史的位置づけすら怪しいものになってしまうであろう。英語圏のイギリスの歴史にしてそうである。

その意味では、「ドイツ」である必然性はない。イタリアやフランス、日本、スウェーデン、……どこでもよいのだと思う。私の場合は、ヴェーバーがらみのゆえにドイツだった、というだけのことである。ハンガリー人カウツ・ジューラの浩瀚な学史研究（一八六〇年）に触れて、各国にそれぞれ独自の英国経済学受容と思想展開があったことを少し学び、また経済学史学会の共通論題「経済学史の形成」の共同組織者を（栗田啓子さんと）経験した機会に各国事情を少しだけ知ったことで、対象領域の如何に関わらず、そこでみんなに共有してもらえる問題設定は可能である、ということを再認識した次第である。同学会の学会誌『経済学史研究』編集委員として、委員長関源太郎氏の下で英文のシリーズ「The History of Economic Thought in Transitional Countries」の開始に関わったときにも、ほぼ同じことを感じた。対象領域への精通と一般的理解（通説）の咀嚼とをもって、通史の理解に関わる問題設定を行うことができれば、なにかしら得るものがあろう。

そう言ってはみたものの、やはり「行うは難し」であり、ましてや外国語に弱い私が言っても真実味がさっぱりこもらない。想いは高く翔ぶものの、成果は乏しいままである――本書の内容が示すように。

学生時代に一般教養の語学で（も）劣等生だった私がドイツ経済思想史に関わるようになったのは、ヴェーバーを読む演習で故水沼知一先生のご指導を受けたことがきっかけであった。その演習でレーデラーのことを吹き込まれた。フリーダ・アトリーとセットでの日本経済観、また日本滞在中のヴエーバー批判、そして渡米後のファシズム論と、何度も出てきた。本書に収録したもののなかで最初に書いたのは、その「レーデラーのこと」である。ロッツやノイラートを扱いはじめたころには、先輩の服部正治氏にさそわれて出席した経済学史研究会（東京）や、ドイツ資本主義研究会（第二次）で発表の機会をえて参加者各位よりご批判をいただいた。比較経済史・思想史セミナー（比較研）の住谷一彦先生や柳澤治先生、田村信一氏、菊池壮蔵氏、手塚真氏、道重一郎氏には、比較研発足以前からずっと、論旨不明瞭の話をたたいてもらうというご厚情をいただいてきた。皆さまに感謝したい。

目次

Ⅰ　カール・G・A・クニース

――ドイツ歴史学派の倫理的経済思想

一　生涯と著作

カール・グスタフ・アドルフ・クニースは一八二一年三月二九日、マールブルクに生まれた。父親は下級官吏、警察の発送係だった。父の安月給のみの家は貧しく、八人兄弟で「貧乏人の子だくさん」の生活だったようだ。彼には貧乏がしばらく付きまとう。当地のギムナージウムに入学、三五年父の転勤で移り住んだフルダのギムナージウムで四一年に卒業試験を済ませた。同年マールブルク大学入学。まず文献学と神学、ついで歴史や国家学を学ぶ。四六年に哲学部に学位論文（古代ローマ都市パレストリーナの歴史について）を提出したとき、これは職位請求論文としても認められた。彼は歴史と国家学の私講師資格を申請したが、これは業績の数が足りずに認められなかった。しかしヒルデブラント（国家学）やハインリヒ・ジーベル（歴史）の代講を引き受けるなどの活動が認められて、大学から若干の収入を得た。学生時代から指導を受け、その後も親密な交友関係にあったブルーノ・ヒルデブラント（一八一二～七八年）は四八年のドイツ三月革命において、自由主義的統一運動の代表的な、しかも一貫した政治姿勢を貫き通した人物として知られている。若きクニースも、旧体制批判の論稿を書いたり、フランクフルト国民会議の実情を見にいったりしたようだ。この両者の生涯には、書かれたものから想像できるよりもはるかに強く革命期の体験が影を落としている。ブロックハウス出版が『現代――あらゆる階層のための最新の歴史百科事典』にクニースの寄稿を求めたとき、彼は激しい体制批判と自由主義的統一支持の論稿を寄せた。革命直後の自由主義的政府は、クニースにカッセルの高等専門学校の教職を提供する用意があると伝えた。四九年秋のことである。彼はカッセルで冬学期を利用して学部の要請に応えるべく『独立の学問としての統計学』（邦訳は高野岩三郎訳で一九四二年に栗田書店から刊行）を書き上げ、一八五〇年二月に出版した。道は整ったかに見えた。しかしその間に革命は挫折、政府は反動化し、庇護してくれた大臣エーバーハルトは更迭された。後任のハッセンプフルークから、教職に就いた暁には政府に不利な政治活動は行わない、との宣誓を要求されたクニースは、就職＝収入をあえて諦め、要求を蹴った。この間に結婚し子供をもうけたクニースは、マールブルクに戻り、大学の私講師で貧乏暮らしを続けた。事典の原稿料は有難かった。政治的挫折、圧迫、そして貧困の中で、彼は一八五二年にスイスのシャーフハウゼンの高等学校教員の職に就いた。大学教授ではない、しかも外国での就職であった。

しかし、この間にも著作活動は止むことがなかった。事典『現代』には「一八三〇年頃までのドイツ連邦」（一八四八年）、「一八三〇年から一八四八年の連邦議会解散までのドイツ連邦」（一八四九年）、「アダム・スミスから今日までの国民経済学」（一八五二年）を寄せている。さらには『クアヘッセンにおける立憲的領邦議会設立要求』（一八四八年）、「国民経済学者としてのニコロ・マキアヴェッリ」（一八五二年）、『一八四八年以降のドイツ大領邦諸国におけるカトリックの位階制とオーバーライン教会領の今日の紛争』（一八五二年）、『鉄道とその影響』（一八五三年）を発表した。主著と目される『歴史的方法の立場からの経済学』も執筆翌年の一八五三年に出版された。

主著刊行の二年後の五五年、フライブルク大学から国家学教授職の申し出があり、クニースはこれを受けて帰国した。大学の仕事の他に彼は、新聞の論説や講演、労働者教育協会の設立とその指導、工業・農業協会の役員など、精力的に様々な実践活動をこなした。六一年には、バーデン政府がヴァチカンの教皇庁とのコンコルダート（協約）締結の姿勢を見せたとき、彼はこれに反対して政府に「フライブルク大学プロテスタント教授団の意見書」を提出することに成功した。集団名での文書だが、彼が指導的な役割を果たしていた。同年彼は、その土地生まれでもなく、住民の多くはカトリックであったにもかかわらず、当地の選挙区からバーデン邦議会下院議員に選出されて、議会活動をも始めていたのである。彼はとくに教育行政で活躍し、バーデンの教育制度改革法案を仕上げたり、国民学校に対する非宗派監督機関設立のための特別法（六四年）を作成したりした。このような反カトリック闘争は、彼が「戦闘的プロテスタント」だったからではない。批判の対象はカトリックの信仰よりも、むしろ政治的カトリシズムであった。彼はカトリシズムを精神的秩序形成力とは見ず、普遍的組織つまり世俗のあらゆるものを包括する政治的性格を備えた組織を僭称するもの、国民的国家的組織の価値をおとしめるもの、と見て、ドイツの自由主義的国民統一運動の敵と捉えたのである。この点で彼は、一九世紀前半のドイツ理想主義哲学の伝統に立っていたといえる。さきの「教授団の意見書」も「僧侶の干渉」への反対という表現によって、カトリック教会所属の教授層もついてこれるように起草されていた。しかし政府とカトリックの人民党との妥協成立の見通しが強まったとき、議会でその後も重要な役（上院議員となり、八二年には副議長）に就いたりはしたが、彼はこの地での自分の立場の危うさを知った。こうして彼は、六五年にハイデルベルク大学の国家学教授職の提示を受け入れる形でフライブルクを去り、以前のような政治活動からも撤退した。この期の著作には「国民経済的価値理論」（一八五五年）、『通信手段としての電信』（一八五七年）、「現代における国民経済と国民経済学の批判のための倫理的・宗教的観点」（一八五九年）がある。

六五年から九六年までハイデルベルク大学で教鞭をとったクニースのセミナーは、経済学研究の有力な中心地として知られ、内外の優秀な学生たちが（例えばアメリカからはJ・B・クラークが）やってきた。クニースの名声は非常に高まった。主著以外に量的に大きな著作として知られる『貨幣と信用』（一八七三年、七九年）もこの期のものである。貨幣の部の第二版（一八八三年）は邦語訳も戦前に出された（山口正吾訳『貨幣論』一九三〇年、日本評論社）。これはメタリストの立場から貨幣機能を体系的に論じたものであり、マルクスの価値論批判も含まれる。貨幣とはまず交換手段である前に、価値の一般的「度量基準」機能を満たす価値物であり、そして貴金属のもつ市場価値とは別の独自な価値がその機能を満たすがゆえに、貴金属貨幣が必然化するという点には、カール・メンガーも注目した。そこには、この世代の学者としてはめずらしくマルクスの『資本』と真摯に格闘したことが影響しているであろう。

一八七一年、ビスマルク帝国ともいわれるドイツ帝国成立の年、彼は「マキアヴェッリの愛国心」を公表する。彼はそこで、「ドイツの権力は大きい、だがそのために、他国がドイツに対して憤慨しないような効用をドイツのために引き出すようにその権力を用いることはできないのだ」と、マキアヴェッリの口吻をかりてビスマルクの権力による「上からの革命」を批判する。かつての友人たちのように「現実政治」の名の下に力の帝国統一を承認することのできぬ、四八年革命の自由主義的統一運動の支持者クニースは、マキアヴェッリの愛国心と人格をビスマルクと対比させたのである。クニースが教授を引退した後の後任はマックス・ヴェーバーであった。この男も、ビスマルクに愛憎相半ばする姿勢の政治論稿を後に多く発表する。

六〇年代には自由貿易理論が支配的であり、彼の主著は受け入れられなかった。それが八〇年前後あたりから、この忘れられかけた書物に「全く新たな需要」が生じてきた。この表現は、その事実にやや戸惑いを感じたらしいクニースが、主著刊行から三〇年たった八三年、第二版を『歴史的立場からの経済学』と題して公刊したとき、その序文で用いたものである。彼は、三〇年後に、趣旨を変えずに、表題を変えて、第二版を世に出した。これだけの事実からでも、われわれはドイツのこの年月の経済思想の変遷と、歴史学派の性格について、多くを知ることができる。以下、この第二版を中心に彼の思想を見てゆこう。

二　政治経済学

経済学の対象

クニースは、どの個別科学も、研究の対象領域、科学に対置される課題、そしてその課題を解くべき方法によって固有の性質を規定される、と言う。では彼は経済学の対象領域をどのように捉えていたのであろうか。

その前に、言葉の問題について一言。これまで経済学と表記してきたが、これは「ポリティッシェ・エコノミー」（直訳すれば政治経済学）の訳語である。類似の言葉には、国民経済学、国民経済理論、社会経済学がある。彼は政治経済学の語を採った。初版の本文では国民経済理論の語で説明しているところもあるが、まずは政治経済学の語の含意を探ろう。彼自身、この語から以下のような照準点を引き出している。

第一。経済学であるからには人間の経済活動の科学的理論が扱われるべきである。しかも人間の目的を達成するための人間の行為、人間の状態、人間の課題を扱わねばならない。そしてそれは人間の生活および意欲の総体領域と関連づけて研究されるべき一部門だ、とされる。経済現象の領域が他の領域と区別される例としては、モノの扱いがある。あらゆる対象物は、木材とか金属などそれらに固有の物質的性質への関心からではなく、それらが人間の欲望と行為の対象をなし、人間の需要の充足手段として用いられる限りでのみ、扱われることとなる。したがって第二に、諸産業で用いられる技術それ自体は政治経済学の対象外となる。例えば、ある鉄道が完成したとして、そこには技術的に成功した成果と、経済的には全くの失敗とが併存することもある。第三に、扱われるべきは単なる経済理論ではなく、「政治」経済学だということ。まず、「政治的＝国家的」と「社会的」という近年の区別はここで採らない。政治経済学は、つねに社会経済学をも意味する、と理解しよう。他方では、私的な経済生活領域の内部の出来事に向かう研究、例えば農業経営理論などとは区別される。しかしどんな経済活動も、人間の文化生活の発展とともに成長する分業の結果として、また分業の成果である生産された財貨総量の分配のあり方の結果として、一つの大きな全体へと編入されている。個別の農家経営やその収益倍増目標の達成にしても、その経営の置かれた時・所において一般的妥当性をもった秩序や制約により、総体関連に結び付けられている。だから、社会的政治的紐帯の基礎の上で一つの法的な秩序が国家的組織の形でまず形成されていて、その中に現れてくる人間の経済的な共同生活の諸現象の領域、これこそ政治経済学が扱うものである。政治経済学はそれゆえ、現在では国家＝社会諸科学と呼ばれている学問グループに属するのである。第四に、このグループの中での政治経済学の独自性は、経済的な需要・活動・出来事・状態の領域が別種の、つまり非経済的なそれらと区別されることで与えられる。

さてこの国家＝社会諸科学であるが、クニースはこれをどういう性格のものと見たか。従来、最も包括的な科学のグループ分けとしては、人間の科学と自然の科学というのが支持されてきた。人間もその身体は自然ではないか、というのであれば、一方を「人間の内面的な観念世界」を対象とする精神科学、他方を「対象的素材の感覚的に知覚された外的世界」を扱う自然科学、とすればよい、とされてきた。だが、第三のグループを設定する必要があった。それが国家＝社会諸科学であり、歴史的科学と呼ぶこともできるものである。その対象は、内面の思想や観念の世界ではなく、感覚的に知覚しうる外的現象の世界での経過や状態であるが、しかし同時に人間の内面の精神的領域にも立ち入ることになる。固有の対象は「人間の行為ないし活動であり、それらに基礎をおいた、多くの個人および全民族の社会化され法的に秩序づけられた一個の生活共同体の状態」と規定された。従って政治経済学の対象はその一部をなすものである。

それでは、こうした性格づけを与えられた政治経済学の対象を、クニースはどう掴んでいたか。主著は第一部「序論」、第二部「国民経済」、第三部「国民経済理論」と題されているが、第二部の目次を一瞥するのが近道である。「第一章　歴史的国民経済の具体的基礎。諸国家の固有の領土」、「第二章　様々な民族の独自な性質」、「第三章　時代が領土と人間に与える影響。資本」、「第四章　一般的国家権力の立法・行政活動、宗教と教会、支配的な理念や精神的潮流の影響下の国民経済」、「第五章　歴史的民族生活全体と統一的関連に立つ国民経済。個体性・異種性と共通性・類似性……」。人間の経済生活は、時と所により極めて個性的な現れ方をする。そのことを理解するために対象の個別化を規定する要因を知っておく必要がある。というわけで、第一章では、地表の形状、土地の高低、地質、気象、化石燃料、鉱物資源、水流、海岸線、地積、隣国の性格までが言及される。第二章の愉快な記述は引用しておこう。「イギリスでは、私経済上における利己心は国民的自負と非英的世界に対する強い侮蔑的見解と並存し、その社会機構と伝統的法律に対する感覚は鋭く、自治に対する熱意と勇気と力とは彼らの血となり肉となっていた。フランスでは平等を求め、享楽を欲し、新規を追い、上品な趣味を楽しむといったことが国民の普遍的な性格となっていた。これに反し、ドイツでは個人間のつきあいでは思慮と勤勉と人道主義と公正とが貴ばれるとともに、世界市民的感覚が強い。イタリアでは芸術的才能と甘美な無為に対する喜悦感が人々を支配し、オランダでは世帯じみた効用感、節制、清純な勤勉が国民性となっている。スペインでは貪欲と怠惰な慢心と外国人軽蔑の情とが国民の心のうちに浸透していた。もしこれが真理なら、これらの国々の国民経済の現実と動向とがこうした国民的特性によって独特な性格をもつにいたるのはいうまでもない」。

さてしかし、個別的であることをここまで強調したクニースであるが、逆のベクトルの存在することも忘れてはいない。第五章の表題にそれが示されている。どんな人間のうちにも、物理的には同一の自然法則や、本能的衝動が作用するし、自己完成への志向、精神的・物質的欲求の充足と文化的進歩の達成を欲求する普遍的に平等な努力が認められるものである。これらが根拠となって、国民経済の歴史的発展には類似性が見られ、これまでにも経済発展の段階説という形で議論されてきた。しかし彼は、共通なものが特殊なものをなくしてしまうように現れることはない、とする。すなわち、諸国民の国民経済的発展における類似性は、第一章に挙げたようなその自然的基礎の相違が影響力を失ってしまうような経済的生産の平等な発展段階から成立しているのではない。類似性が表れてくるのは、ただ、努力の平等さ、その道の向かう方向、目標の捉え方、経済的な事物が他の現象領域や民族的な生活の全領域とのあいだにもつ関係、普遍的人間性と普遍的自然的なものとの現れ方などにおいてなのである、と考えた。つまり経済現象の個別化要因の作用は決してなくなることはなく、経済の領域で必然的な原因―結果として示しうるものは、つねに「具体的で個別的な」形態をとる。したがって政治経済学は、その対象の性質からして、歴史的な科学と言えるのである。そしてこのことが当然ながら経済学の課題にもかかわってくる。

経済学の課題――類似性の追求

アダム・スミスの名に象徴される古典学派への批判、これがドイツ歴史学派に共通する基本姿勢であった。古典学派の前提は利己心と私的所有であり、彼らはその絶対性を主張した。だが、その両方とも歴史的現象なのだ。対象たる経済現象は、自然力と人間の協働なのだから、前者にのみ妥当するにすぎない自然法則を経済学のために導出しようとすることは誤りである。では経済学はなにを課題としたらいいのか。「歴史発展の法則」を得ることである。このような基本発想を少し説明しておこう。

まず、古典学派は自然科学的法則定立を唯一の作業だと想定した。したがって自然法則を経済現象にも認めようとする。自然法則とは、時と所を選ばずつねに同じ形、力で作用するものである。経済現象が人間と自然の両方の要素から成っているために、外的自然にのみ妥当する自然法則を経済の法則と見なすことには無理があるはずである。しかしあらゆる経済現象を支える根源的要因を探ってゆくと、そこには私的所有と（経済的な）利己心があるではないか。というわけで、この二要因から人間的要素を説明する途を開き、国民経済における自然法則定立へと進んだのがスミスであった。ここから外的世界の法則の発見・定式化を経済現象の把握へと持ち込む古典学派の進展が始まり、その傾向はリカードウ学派において最も強まった、というのである。

クニースは次のように批判する。そこに展開された理論の世界でわれわれが出会うのは現実の人間ではない。単なる経済的利己心という概念の人格化したものであって、それは統計的平均的な人間ですらない。理論上では、例えば売買契約において、当事者はこの経済的利己心に充分満たされた振舞いをする、つまり冷静な状況判断の下につねに最も有利な契約を行うことになるが、現実的にはその利己心の程度は人によって一様ではない。しかも利己心概念の人格化である理論上の人間は、あらゆる行為、したがって非経済的行為をもこの利己心にのみ基づいて遂行することになるであろう。歴史具体的な人間はそうではない。そして先に見たように人間の非経済的な諸関係・諸行為も経済現象に関わっているのだから、古典学派は方法的にみて間違っているのだ。だからその成果として得られた自然法則は、いつでもどこでも同じように妥当することにはならない。そのことはかのリカードウ学派ですら気づいていたのである。マカロックは、経済法則が物理学の法則とは違って、通例は、だいたいにおいて確証されるにすぎぬ、と考えたが、ここにはすでに経済現象における自然法則という言い方の矛盾が明白となっているではないか——と批判する。

そうしてクニースの批判は、私的所有と利己心という前提に向かう。ここではその前者について見ておこう。彼の見るところ、私的所有の制度とは、あくまで歴史的な産物であり、したがって変化するものである。そもそもモノに対する全く無制限な所有権など現実には存在しなかったのである。

古代ローマやギリシア、ゲルマンの社会にあっても、何ものも前提しない私的個人の所有権などは見られない。ギリシアでは国家が本来の所有者であって、個人は自己の占有物の管理権を行使するにとどまり、しかもそれが公共目的にかなう限りで正当化された。ギリシアの私的所有の概念それ自体のうちには、国家による処分を承認するということが含まれていた。

ローマでも事情は似ているが、とくに重要な土地占取についてみると、国家が征服によって成立したことから土地はまず公有地として国家の処分権の下にあったが、そのあり方については国家所有と私的占有の争いが長く続いた。ローマ人の政治的・法的立場（市民権）は様々であったことから、私的な占有や所有には幾重にも区別が生じ、その歴史の中で国家が個人に土地を所有物として譲渡したり売却したりして、つまりは国家の行為を通じて初めて、土地の私的所有が生じた。

クニースはローマとゲルマンにおける私的所有の発生と形態を詳しく論じたが、それよりも注目すべきは、第二版の追加において、私的所有概念に法的・経済学的な検討を加えていることだ。そこでは、所有とは何か、その原因は、その成立条件は何か、と問題を立てて、所有の対象（土地、可増財、無体物、等）、所有の主体（個人・団体、自然人・法人、等）などを詳細に論じ、法学と経済学の捉え方の違いや、人―物の（権利）関係としての所有と対象物としての資産との違いを指摘したりしている。後者は租税論や利子・地代論の基礎をなす経済学の重要な論点でもあった。こうした法学的分類には、クニースの意図を超えた意味があった。経済現象を一度はその諸要素まで分解しておくことで、諸現象の共通要素が見えてくるし、諸要素間の特定の組み合わせが一定の規則的現象を生むことも分かってくる。類型構成と規則性把握というヴェーバーの経済社会学につながる芽が出されていた。だがクニースの関心は、個別化の契機、歴史的相対性、そして理論の妥当する前提の確認にあった。

古典学派は歴史相対的なものを絶対的と考えたところに誤りがあったとして、では、経済現象をすべて相対性の世界へと追いやってしまったら、それらの学的認識は何を課題とすることになるのか。その答が、歴史発展の法則、であった。歴史研究によって経済現象をその一部として含む人間生活の全体を理解すること、また様々な民族の歴史を研究して比較すること、そして人間生活の発展を掴むこと。だから歴史研究は決して経済学の一部門としての経済史研究というのではなく、むしろ政治経済学の主要な作業領域をなすものと位置づけられている。だが諸民族の経済領域には、類似性は見られても、そこには決して自然法則的因果律が貫徹しているとは言えないのであるから、歴史発展の法則は、類似性（アナロギー）を得る以上のことは出来ないのである。

類似的事象とは、ある一定のところまでは同一性が認められるが、それ以上のところでは差異性が示されるような事象である。また個々の事象においてのみならず、発展における類似性ということも問題になる。ここに同類の現象を包括する類概念（例えば四角でも円でも金鋳貨といえる）の構成と、個別性・特殊性の理解とが可能とされる。そして現象とその原因までをも取り上げてこそ、同一性と差異性、類似性と非類似性を正しく認識できる。その際、比較という作業が決定的に重要であることは言うまでもない。比較による類似性の研究は、経済現象における規則的なものの認識に役立つのみならず、既知の定式化された法則の不十分さを改善することにもつながる。歴史研究の進展によって比較の材料が増加してゆけば、類概念の修正（先の例なら銀貨をも含む貴金属鋳貨）や、新たな区分線の浮上による諸要素の評価替えも必要となるかもしれない。こうした帰納的手続きの高い力能は、「歴史的方法」の提唱者ロッシャーにも充分に理解されていなかった。クニースは第二版で自己の論理に近いものとしてJ・S・ミルの『論理学』を挙げている。

人倫完成への志向

相対性の原理を強調するクニースは国民経済の歴史の相対性を記述する。こうした特殊・個別から出発する彼には、実証的方法という語もあてはまろう。同時に彼は、人間の文化的精神的契機を重視しており、しかも人間の発展ということを考えていた。だからこそ歴史的発展という語を用いたのであろう。個別性・多様性を通した人間生活の発展を、類似性の把握によって理解しようとしたのである。発展の根拠を少し見ておこう。

人間の発展といっても、人間のあり方は歴史的に様々な姿をとっている。そしてその多様性を「人倫的完成への志向」が貫いているという。人倫（ジッテ）とは、風習とか道徳などと訳されたりするが、クニースの用法からみて、個人の内部に倫理的格率と化した社会道徳、とでも考えておいてよい。歴史上の多くの事例において、経済的観点から有利なものと、人倫的・政治的に望ましいものとの対立が見られ、どちらが優位を占めたかもいろいろであった。しかしクニースは、経済的観点を人倫的・政治的観点に服属させることが望ましいと考える。しかも人間はその方向に向かっている、と言う。そして、一方で、外的世界に貫徹する必然的な法則を拒みえないものだとするならば、他方で、人間の魂のうちの自由は、人倫的・政治的な完成を目指すものであり、それが民族の発展を支える生命力をなしており、自由な目的設定・意志決定の意義は長期的に決して否定できぬものである、とする。だから個々の経済的な現象には必ずや自然法則的な因果性と、「人間の人倫的に自由な目的の因果性」の両方が作用する、とした。前者は、ある事象、例えば一つの経済的行為をすることが原因となって特定の結果が生じる、という意味での外的世界の因果律のことだとすれば、後者は、その経済的行為がなぜ選択されたのか、つまり自由な目的設定がどのようにしてなされるのか、を説明する論理のことであろう。どのような価値を理想と考えるか、どれだけ高い理想を追求しようとするかは、その個人の自由な意志決定にまかされる。そして自由は恣意ではなく、長期的には向かうべき方法をもつものである。こうした内的世界、観念の領域が大きく経済的行為を規定しているのであって、クニースはそのことを絶えず強調していた。

学説批判

だが、類似性という形で発展の法則を得ることは本当に可能であろうか。結局のところそれは、類似的現象の規則性把握と、歴史具体的な現象をその個別的原因と共に因果的に理解することとを可能にしてくれるのであって、とくに発展の法則の定式化というようなことにはならぬのではないか。それは理論の絶対主義に反発して相対主義を代替物として唱えるための道具ではないのか。この問題は、彼の出発点、つまり歴史的方法によって政治経済学をうち立てようとしたことそれ自体に孕まれていた難点であるように思われる。ただしそのように言い出すことで彼は、リストの段階論やロッシャーの議論など当時有力視されていた理論を批判する視角を設けることができた。ここではリストとロッシャーへの批判を見ておこう。

リストの有名な「狩猟・漁労（未開）―牧畜―農耕―農・工―農・工・商」という経済発展段階図式は、どの民族にも等しい自然的基礎が与えられていることを前提とする。しかし自然の恵みの多少に応じて個々の民族がその図式と全く違った発展をたどることは多く、例えば現在でも漁業の栄えているところもあるではないか。単純なもの・容易なものから原則的に複雑なもの・困難なものへと進むという発想は、歴史に学んだものではなく、抽象の産物である。彼の理論の絶対主義的思考は、ヘーゲル哲学の絶対的認識という思考圏のものだ。イギリスが農・工・商段階に達しているとして、その先が想定されていないのは、完成段階に到達した、つまり歴史が終局を迎えたと考えることである。しかしそれは歴史のある時点でそのように思われるにすぎない。

さらに彼はロッシャーの類似性論をも批判する。彼は歴史的方法の提唱者であるロッシャーを高く評価する。しかしロッシャーは「日の下に新しいものなし」として、個人と民族がともに青年期から、壮年、老年を経て死滅すること、どの民族の経済にも自然、労働、貨幣を主たる生産要素とする時期があり、基本的には同一の循環をたどること、を説いた（その中でクニースはとくに労働、つまり古代の奴隷労働、中世の賦役労働、近代の賃労働、の類似を重視し、第二版で、手労働から機械労働へという人間の経済生活の二期区分が重要になっていることに注意を促している）。ロッシャーのいう類似性は有力にみえるが、しかし例えばギリシア、ローマの農業をみると、その発展は労働の集約的投入でまかなわれたのであって、近代の資本集約的農業の発展とは違っており、その基礎には古代の奴隷労働があった。さらに古代と近代では勤勉さも同程度であり、工業立地にも同じ自然法則が妥当する、という主張に対しては、古代の奴隷労働の質の悪さや奴隷が購買者たりえないという事情から、古代の工業の重要性が近代に比してずっと低いのは否定できない、と応じた。そしてロッシャーは類似点と相違点を等しく研究せよとは言うが、相違を過小評価しており、あいまいな類似性の主張になっている、と批判した。

ではクニースの積極的な主張の方はどうかといえば、それは、政治経済学は倫理的な学である、という考え方に総括される。次節でこれをドイツの社会と経済思想の歴史の中から説明しよう。

三　ドイツの歴史的立場

経済学の歴史

国民経済の歴史は極めて多様であり、諸々の経済学説もそれぞれ固有の背景をもって成立した。したがってそこに説かれる理論は、つねに特定の条件下でのみ妥当するのであって、決して普遍的妥当性を主張できるものではない。経済活動に携わる人々がよく狭い経験をもとに、自己の個別利害を全体の利害と同じであるかのような主張を通して自己弁護をはかるように、理論にもそうした傾向がある。そこで歴史的立場に立つクニースは、諸々の学説をその成立基盤から、いわば知識社会学的な手法で説明することにより、主要敵たるイギリス古典学派もその例にもれず相対的妥当性しかもたぬことを示して、自己の主張の正当性を補強しようとしたのである。

考察は例によって古代ギリシアから始まり、そこでの政治体（ポリス）の規定的意義からする経済の政治への従属や、奴隷制の弁護といった経済思想が描かれる。近代では重商主義、フランス重農主義、スミス、それへの反動としてのアダム・ミュラー、リスト、さらには社会主義が取り上げられ、第二版では一九世紀後半のドイツの社会主義理論のいくつかに関する考察が加えられた。ここでは彼のドイツ史理解の一端がうかがえるミュラーの項を見ておこう。

フランス革命の大陸諸国への波及にともなって、スミスの理論が広く受容された。フランス支配地域には新たな立法や制度が導入され、啓蒙的理性の体現たる共和主義的自由の旗の下に国境を越えて諸国民が結合してゆくかに思われたが、大陸封鎖以降は経済的原理とは異質の戦争策が採られ、国際的交易の原則と国内経済生活の原則とが矛盾するようになって、ナポレオン支配下で激しい反動も現れた。被支配地域では国民的特質、国民的独立の意識が昂まり、この間抑えられてきた地主貴族やカトリック僧侶が息をふきかえす。こうして革命の理念を否定しようとする復古体制が始まった。ミュラーはこの復古の正当化と必然性を経済の領域で示そうとした。

ミュラーは、スミスの理論が弁護し、革命の過程で実際に導入された経済生活の形式や諸力を排除し、中世的経済の諸形態を再導入しようとした。彼は、個人主義には国民的自覚を、人格的自由には古代的国家理念を、工業生産力には土地所有の保守的な力を、私的土地所有の自由には物的資産の意義をしのぐ人間の人格を、それぞれ対置する。彼自身は、現在では振子が一方に大きく揺れすぎたので、バランスをとるために聖職者や中世的要素を強調したのであって、それらが単独の支配を僭称するようならそれにも断固反対である、と言っていた。ただし彼の議論は長く受け入れられることはなかった。なぜなら革命の経済的成果は極めて強力であり、またドイツでは君侯権力が革命を通じて拡大し、第三身分との利害共同態を形成したからである。ミュラーの言うことがなまじ実現しようものなら、せっかく圧倒した封建的諸身分がまた勢力を回復してしまう。領邦国家の権力拡張・集中は革命の成果と結んで、すでに反動を許さぬまでに歩み出していた。クニースはミュラーの登場と退場をドイツの歴史的現実からこのように解釈した。

倫理的経済学

ドイツの経済思想の特徴を以下、クニースに代表させて描いてみよう。古典学派の理論では、財貨はみな商品として現れてくる。その商品とは一般に可増財、つまり作ろうとおもえば、コストをかけさえすればいくらでもつくれるものである。そして市場における需要と供給の均衡により価格が決定される。供給も「商品による商品の生産」の過程と化した世界、労働力の商品化、を前提としている。ただし土地は可増財でないから、地代論が特別に説かれなければならなかった。理論は価格決定のみならず、生産、資源配分、所得分配にかかわる論理を備えていた。イギリスに対する後進国（したがってイギリス以外の世界中の国々）では、そうした経済理論を輸入することになるが、しかし国内事情を見ると、およそ商品の生産過程はそのような理論的仮定とは違っている。生産過程をはずして、商品流通の面、商品市場の面についてのみ、輸入経済学の妥当性は徐々に高くなってきた。だから古典学派の受容母体は、まずは商業利害関係者を中心に形成された。すくなくともドイツではそうであった。この輸入母体から、「自由貿易主義」と「営業の自由」を軸に経済的自由主義が正義の思想として振りまかれる。そこで、生産力に劣るドイツが先進国イギリスと自由な交易関係に入ることで被る不利益を認識することで、リストの保護主義と国民生産力論が、営業の自由の導入による移行期の社会問題を認識することで、シュモラーの社会政策論（後述）が、ドイツ的な理論として登場する。そして近代化＝資本主義化をいまだ課題として抱える国では輸入経済学の妥当性は限られるのだ、という段階的後進性の意識が理論の絶対主義への反発となって現れ、ドイツ歴史主義・経済発展段階論の開花要因となってゆく。これに加えて、先進国ではすでに政治問題化し、ドイツでも顕在化しはじめた労働者問題を社会秩序の危機として深刻に受け止めることによって、資本主義とその理論の帰結としての社会主義にも反発する態度が醸成される。資本主義化の進行によって古典学派が前提とした利己心の満面開花する社会へと進むことへの嫌悪と、その裏返しの私的所有・個人的自由を否定する社会主義への嫌悪。こうして私的所有を基礎としながらも、むき出しの利己心ではなく公共的倫理（人倫）を心理的動因として生きる人々の良き生活共同体を第三の道として将来に投影しようとする。そのためには人類が利己心を克服する道徳心へと向かうことを信じなければならぬ。だから人間の発展を問題とするクニースたちにとって、経済学とはあくまで政治＝公共社会的な学であり、倫理的な学でなければならなかった。経済学は存在についてのみならず、当為の領域をも含み持った学とされたのである。あれほど相対性を強調したクニースも、人類の公共的倫理に向かう発展を普遍的なものとして信じたかった。そしてそのような公共性・共同社会の実在的な前提は、これまで歴史的に人倫の担い手であった民族をおいて他にはなかったのである。

クニースが用いた知識社会学的な考察をクニースら歴史学派自身について応用してみると、以上のような了解が可能となるだろう。とすれば、歴史学派の反動性がよく言われるけれども、それは、社会が古典学派の理論の妥当する方向へと進むことを唯一「善」なりと価値判断する立場からのみ言えることである。諸個人の生活、需要充足のあり方が、自給部分や小商品生産部分などをあわせもって営まれる「家計」維持から「営利」原則一本で規制されてゆくことに付きまとう諸問題（有限資源の濫費、生態系破壊、マイナス公共財生産、金権主義的公共意思決定、価値観の一元化等々）は、理論の絶対主義の前には問題視すらされない。倫理を言い、民族精神を言う歴史学派は、保守的・反動的とされるような手持ちの材料で、非資本主義的、非社会主義的な第三の道を構想しようとしたのであって、歴史に背を向けたのではなかった。

スミス問題

だがこうした歴史的現実に身をおいたことの影響もあってか、スミスのテキスト解釈に問題を残したことも否めない。それが「アダム・スミス問題」である。スミスは『道徳感情論』で同感の理論を説いた。それは、利己心が、人間のだれにも備わっている同胞感情である同感を介することによって、同市民関係にある他人にも是認されるような姿で作動すると説いていた。いわば分業関係に立つ諸個人（経済人）の行為が公共性をもった社会倫理に律せられるメカニズムを分析し、市場社会の安定性原理を提出していたのだが、これがクニースには理解できなかった。彼は同感をもっぱら利他心の現れと捉えてしまい、「スミスは利他心を基礎に『道徳感情論』を、利己心を基礎に『国富論』を書いたが、この矛盾は何に由来するか」という誤った問題設定を行った。ここには、それ以降のドイツ経済学にみられる「経済的自由主義―市場における利己心の自由な発揮―私利私欲の横溢」と、その結果としての「社会的害悪・社会問題―それを矯正すべき公共心の強調―お上（政府）の正義の介入」という市場観・経済政策観の萌芽が孕まれていた。倫理的国家観・民族共同体観も同じ文脈にある。スミス問題の深い意味での解決は、ヴェーバーの「プロテスタンティズムの倫理と資本主義の精神」を待つこととなる。

世代交替と構造転換

一八七〇年代に社会政策学会へと結集したシュモラー、ヴァーグナー、ブレンターノたちは、「新歴史学派」と呼ばれて旧歴史学派（ロッシャー、ヒルデブラント、クニース）と区別されている。この新旧両派の違いについて最後に触れておこう。初めに社会背景を見ておきたい。まず旧世代の人々が三月革命以前には青年期に達していたことに注目しておこう。革命前のドイツでは、一方にライン地方のように工業化のスパートがかかっていた地域があるかと思えば、他方には全くの封建的農村社会もあった。革命はそうした中での封建的諸拘束からの解放と、領邦君主権力から自由な立憲的国家統一実現を目指す運動が中心となった。したがって市民的諸権利の実現や住民代表の権限をもった議会と憲法の要求という政治的自由主義と、所有権や通商・営業の自由を目指す経済的自由主義の結合があったのであり、自然法理論や古典派経済学に依った社会・国家理論の進歩性が信じられる時代であった。その革命が挫折するなかでヒルデブラントは亡命、クニースも圧迫された経験をもつ。旧世代の思想を考えるとき、この文脈の理解は欠かせない。

世紀中葉以降の経済発展は目覚ましかった。関税同盟を主導したプロイセンの東北部のユンカー的農業経営は対英穀物輸出で潤い、西北部のルール地方の鉄鋼業は世紀末にヨーロッパの「心臓部」と呼ばれるまでに成長を遂げる。つまり経済的にはこの時期に大規模な構造転換が起こっていた。その中でプロイセンは対デンマーク・対オーストリア・対仏の戦争に連勝した。この国の指導層は政治的社会的に前近代的性格を色濃く残していたユンカーであった。七一年のドイツ統一・帝国の成立は、ユンカーによる南ドイツ諸邦の権力的な制圧という側面をもつ（こうしてできた社会に史家は「経済的近代性と社会的・政治的後進性の乖離」を指摘する）。国家統一の課題は戦勝を通して現実政治的に解決された。経済力をもったブルジョア層はユンカー層に妥協し、政治力をもたぬままであった。

社会政策

この構造転換の中に生じてくる様々な社会問題、そして工業化の進展に伴う労働運動・社会主義勢力の興隆、これが新たな段階の課題となる。プリンス＝スミスの名に代表される「国民経済会議」（一八五八年より開催）は、いまだ達成されていない経済的自由の実現を目指すとともに、自由貿易・営業の自由がおのずと階級利害の調和をもたらす、と、いわば強者の論理を主張して、経済過程への政策的介入に反対する。ここに、問題解決のための政策措置を正当化する論理の必要性が生まれていた。新歴史学派の社会政策思想がそれを担った。大学で社会政策を説く彼らは講壇社会主義者とさえ呼ばれた。彼ら、具体的には代表格のシュモラーは、私的所有制度や営業の自由のメリットを認めはするが、経済現象の自律的運動を法則的に記述した理論をば政策的にあるべき姿を示すものとしてイデオロギー的に転用することには我慢がならなかった。また政策によって今よりは「望ましい」状態をもたらすことができる、とも考えた。だが政策について意思決定すべき議会＝政治家の世界は党派的利害のやりとりの場となってしまう。シュモラーには、他に頼るべきは党派的利害を超えて君主にのみ忠誠を誓うプロイセン官僚制しかない、と思えた。経済領域における私利私欲の行き過ぎを矯正して望ましい価値実現のために党派中立的な官僚制による社会政策の遂行、そしてその過程で人々の人倫が陶冶され向上してゆくこと。この人倫の働きを見ずに利己心のみの経済人モデルから演繹され、歴史的実証の点で根拠不足の抽象理論は不完全なものであり、ましてやそれを政策指針に用いることは無意味な「ドグマ主義」に他ならぬ。これがシュモラーの実践的立場であった。次に方法の問題の展開をみてゆこう。

ロッシャーとクニース

ロッシャーは歴史的方法の説明のなかで、大量の歴史現象を比較研究して、合法則性を見いだすべきだという。その際、個人を見るのでは不十分で、諸民族の歴史を見なければならぬ、としている。しかも民族のそれぞれが、人間個人と同種の生涯をたどることを理解し、諸民族の発展に見られる発展法則を把握せよ、という。この思考では歴史の経験法則と自然法則の区別はミニマムだ、いやほとんどないとも言える。多くのページをあてたクニースのロッシャー批判は基本的にはここに向けられていた。類似性の主張の眼目は同質性と異質性を経験的に区別し、その両方の知識をもって発展法則の相対的妥当性を検証し改良すること、これに尽きるであろう。しかし政治経済学は民族の将来に備えるべきものでもあった。そこに経験的因果性の認識とは別種の当為の要素が混入してくる。考えてみれば人間の行為を対象とする研究者であれば、人間がどうなってゆくのか、そしてどうあるのが望ましいのか、を思わぬ人などいないのではなかろうか。ただしその当為の要素を事実や法則の確定作業に混入させたのでは成果の妥当性に問題が出てくる。この論点こそ、新旧の歴史学派、そしてヴェーバーやゾンバルトまでも含めたドイツ経済学の歴史を貫く軸の一つであった。

シュモラーとヴェーバー

個別具体的な現象には具体的な原因が対応している。この観察結果の集積から因果律を得る。だが人間の行為が問題になっているのだから原因のなかの人間的要素は変化し、また意志の自由というものがあるのだから、その経験則の妥当性も弱い。そこでクニースはその人間の変化までをも射程にいれて「発展の法則」を構想しようとした。一方で人格の自由を思い、他方でそれが完成を目指すものであると考えて。そうしてここに、人格的要素に因果律を認めないのはおかしい、とするシュモラーの批判が向けられた。この批判の基礎には、クニースが対象世界を自然現象／社会現象という二分法で捉えたことに現れるような概念実在論に立っていることへの批判があった。シュモラーは唯名論的立場を採り、人間の行為領域でも心理学的な因果関連が構成できると考えた。そして社会現象の因果律を充分に認めなかったり、にもかかわらず社会の発展法則を実体的に想定するクニースのアキレス腱を突いていたのである。

ただしシュモラーには一つのヒネリがあった。それは社会現象に因果律を認めるにしても、個別研究の不足のためそうした因果律から法則を獲得できるのはずっと先のことになるのであって、性急な法則の定式化は慎むべきだ、というのである。これが、膨大な歴史研究のモノグラフを産出したシュモラー学派に「理論嫌い」という非難が浴びせられたことの原因であった。ところがそのシュモラーは、人格的要素にも因果律を認め、長期的な経済発展の理論を構想しているのであるから、旧世代では民族精神などとごまかされてきた部分にも歴史科学のメスを入れ、社会現象における心理学的・倫理的原因の特定へと向かい、客観的には経済発展を支える人倫の発展法則を求めていたのである――という最後の、もうひとヒネリが隠されていた。

政策にかかわるシュモラーには「現実政治」的色彩も付きまとう。プロイセン官僚制に信頼することと人倫の発展を重ね合わせれば、彼の体制弁護者としての側面が見えてしまう。しかも政策とは「望ましい」ことの実現手段である。シュモラー的思考では、彼の望ましいと考えた価値がいつのまにか科学の名の下に正当化されてゆく恐れがあった。これにかみついたのがプロイセン官僚制の政治性・保守性を見ていたヴェーバーであった。同時に彼は現代を「神なき時代」、誰もが信頼をよせることのできる信仰も失われ、特定の価値を実現しようとすれば他の価値と戦わざるをえない「神々の争い」の時代であると見た。一方でドイツの前近代性の矛盾を突き、他方で先進社会の病理を見通したヴェーバーには、もはやシュモラー的な科学観の地平では耕しえない問題意識が涌き上がっていた。それを語るのは本稿の範囲を越える。

四　ロッシャーとシュモラーの影に

「歴史的方法」提唱の嚆矢であるロッシャーの『歴史的方法による国家経済学講義要綱』（山田雄三訳、一九三八年、岩波文庫）は一八四三年の出版、また彼の『国民経済学体系』一～四巻は一八五四～八六年（五巻は死後出版）、一巻の「国民経済学の基礎」は一八八六年に一八版を数えていた。この事実から分かるように、官僚予備軍たる経済学徒に圧倒的な支持を得ていたのはロッシャーだった。旧歴史学派の一人として名のみ知られるクニースだが、彼の主著は実際にはロッシャーの圧倒的な影響力の下に埋もれていた。第二版出版の頃にはシュモラーら新世代の華々しい活躍が始まっており、しかも出版直後には方法論争も起こっている。この三〇年の間にドイツ社会は、そして経済思想の世界も大きく動いていた。ねばり強く慎重な思考と扱う内容の多面性・豊富さをシュモラーに讃えられ、第二版では近年の文献への論評を補充した彼の主著も、影響力はほとんどもたなかった。

しかし彼は何よりも理論家であった。理論形成の方法としての「歴史的方法」というのは成立しえぬことを自覚して、第二版では表題すら改めた。またイギリスの古典学派や近年の理論にも精通していたことは主著からよくうかがえる。教師としてのクニースはそれゆえその博識ぶりを遺憾なく発揮し、理論的にレベルの高いセミナーを主宰したことであろう。だからこそクラークやベーム＝バヴェルクらが訪れたのであろう。その教師としての名声は、著作での敗北感を償っただろうか。

読書案内

まず諸田實他『ドイツ経済の歴史的空間』（一九九四年、昭和堂）の第一章補論と第三章の二節、次いでリンガー『読書人の没落』（西村稔訳、一九九一年、名古屋大学出版会）第一章の一・二節。対象がどんな社会であるのか、どんな知識をもった人間たちであるのか、少しは知っておいてよい。クニースの紹介は榊原巖『社会科学としてのドイツ経済学研究』（一九五八年、平凡社）第五章だけで間に合う。旧世代の理解には、ヒルデブラント『実物経済、貨幣経済および信用経済』（橋本昭一訳、一九七二年、未來社）の第一論文と訳者解説は必読。初級通史としてリハ『ドイツ政治経済学』（原田哲史他訳、一九九二年、ミネルヴァ書房）。やや上級編としては、玉野井芳郎『エコノミーとエコロジー』（一九七八年、みすず書房）所収の「ドイツ歴史派経済学再訪」（短い）、田村信一『グスタフ・シュモラー研究』（一九九三年、御茶の水書房）を挙げたい。ヘニス『マックス・ヴェーバーの問題設定』（雀部幸隆他訳、一九九一年、恒星社厚生閣）第三章はクニースとヴェーバーの関係を論じている。難解だが『小林昇経済学史著作集Ⅶ』（一九七八年、未來社）所収の「リストと経済学における歴史主義」を読めば、学問の意味までも考えさせられる。

II

一九世紀ドイツの経済学観

――シェーンベルク版ハンドブックをめぐって

一　はじめに

シェーンベルク編の『経済学ハンドブック』（Handbuch der Politischen Oekonomie）は二冊本で一八八二年に発行された。[1] まずはじめにこれを紹介するため、編者序文を長めに引用する。

「ポリティカル・エコノミーの全領域をカバーする、最近の研究状況にみあった書物がないという嘆きの声が、何年も前から諸方より聞かれた。この学問では最近二〇年の間に研究がずいぶんと深まり、対象領域が著しく拡大した。重要な基本問題はすっかり新しい形になり、ほかの多くの問題も著しい訂正や補完を受けた。だが新たな研究の成果はほとんどもっぱら専門的個別論文の形で出されている。それだけに欠落はいっそう強く感じられた。加えて、多くの経済的時事問題が、利害関係者や政党の見解を前にした広範な教養層のうちに、党派や一面的な利害を超えた学問的研究およびその教えについて容易かつ確実に学びたい、という強い要求を呼び起こした。

最近出された定評ある教科書は、これまでのところこの学問の一部しかカバーしておらず、もっと前の全領域をカバーしている教科書も古びてしまい、またほとんどが純粋に大学の授業目的用でしかなかった。

このハンドブックはこの欠点を除去し、学問的文献の空白を埋めようとするものである。これは大学教育の教科書たらんとするが、同時に、実務生活を営み、自己の関心をひく経済事情のただなかにあってこの学問の教えについて情報を得ようとしているすべての人々にその情報を与えようとするものでもある。本書は、人口論、財政学、さらには行政学（Verwaltungslehre, Polizeiwissenschaft）の中でもポリティカル・エコノミーと深く関連する部分、とくに統計、行政官庁の組織、保健衛生および保健行政、狩猟行政、貧困者扶助と救貧行政、道徳行政を含めた国民経済学（Volkswirtschaftslehre）をカバーする。どの項でも立法は詳細に検討され、歴史的および統計的資料は多量に提供されている。未決の時事問題は、学問的著作において可能な範囲で議論されている」（Bd. I, S. III）。

このハンドブックは4版まで出されたが、マックス・ヴェーバーを編者とする「社会経済学要綱」（Grundriss der Sozialökonomik, GdS）は、まずはその後継企画として着手されたものである。このハンドブックには、いわゆる「方法論争」の当事者であるシュモラー（Gustav von Schmoller, 1838–1917）が初版に、メンガー（Carl Menger, 1840–1921）が第2版にそれぞれ書評を書いている。本稿ではこの二つの書評を手掛かりに、一九世紀ドイツにおける経済学観を眺望してみたい。

序文に示されるように、このハンドブックは将来の官吏たる学生や実務家の要求に応えようとして、極めて包括的な領域をカバーしている。ドイツでは前の世紀より官吏養成の学としての官房学（Kameralismus）の歴史が根強くあって、この統治のための知識体系と、アダム・スミスの『国富論』導入により始まったポリティカル・エコノミーという新たな知識体系とを統合することが一九世紀初頭の課題となっていた。日本語では経済学と表記されるが、ドイツ語では様々な表現が用いられており、それらの表記によって何が含意されているかを見るだけでも「経済学観」の変遷をたどれそうである。ただ、シェーンベルク版のような教科書がどんな素材をいかに編成しているかを見れば、より内容に即した展開史を追うことができよう。

ここでは研究史に頼りつつ、定評のある教科書の目次を参考にして、少し長いスパンでドイツの「経済学観」を眺めてみたい。近年、邦人の手によるドイツ経済思想の通史が、しかもかなり長いスパンをおおうものが出され、全体像を得ることがずいぶん容易になった。[2] とはいえNationalökonomie, Volkswirtschaftslehre, politische Ökonomie, Wirtschaftswissenschaft の語がいずれも「経済学」と表して通じる場合があるため、その分、逆に言語の壁の高さにはやはり悩まされよう。

シュモラーもメンガーも経済学史上に一時代を画するインパクトを与えた人物として知られているが、このような作業を背景におくことで「方法論争」の両当事者が自覚していた学的課題をさらに深く理解することができよう。シュモラーの場合にはロッシャー（Wilhelm Roscher, 1817–1895）に始まる「歴史学派」からの新たな出発が、メンガーでは「ドイツ歴史学派」の「理論」観の批判が、それぞれ意図されていた。それがどんな質をもつものであったのかを明らかにすることにより、二〇世紀初頭になされたドイツ歴史学派とオーストリア学派の統合と目されるGdSプロジェクトの経済思想史上の位置が見えてくるのではないか――これは今後の課題でもある。

まずはじめに一九世紀初頭の様子を要約し、続いてハンドブックへの二つの書評を紹介して若干の考察を加える。最後にそこから得た知見をもとに、GdS編者ヴェーバーの議論について触れたい。

二　前史――ポリティカル・エコノミーという語

1　新しい経済学――L・H・ヤーコプ

官房学の解体期、つまりアダム・スミス学説の導入期に経済学はどのようなイメージで捉えられていたのか。これを正面から扱ったのがK・トライブの *Governing Economy*(3)(1988)である。その成果はすでに諸方で利用されているが、ここでは全体像を得るのに格好の題材となるヤーコプ(L. H. Jakob, 1759–1827)に焦点を合わせてトライブの成果を略述しよう。なぜヤーコプを取りあげるのかは、すぐに明らかとなる。

ヤーコプはJ・B・セーの『経済学概論』のドイツ語訳者である。彼は、同時代人のフーフェラント(一七六〇〜一八一七年)と同様に、『国富論』を経済学のカテゴリーと理論の体系として、夾雑物を排する形式的な読み方を試みた。ハレ大学で教鞭をとり、ザルトリウスの「スミスの諸原理にしたがって作成」された教科書を一七九九年から授業で用いていたが、自己の独特なスミス解読により、そこではまだうまく捉え切れていない思想を感じ取ったため、自分の教科書を作成することを決意した。

「ここでの私の意図は、ポリツァイ（Polizei）と財政の考察すべてを全く排除し、つぎのことを純粋な形にすることである。すなわち、国民の中で富はいかに形成されるか、その増加はいかに促進され、また阻害されるか、その諸要素は人々の間にいかに分配されるか、それはいかに消費されるか——これらすべてが生じるのはいかなる規則に従ってであるのか」（Tribe 1988: 169-70）。

ここに見られるように、彼の目標はもはや国家経済（Staatswirtschaft）の教科書を書くことではなかった。というのも、国家経済という表現は、国民的財産の公的部分にのみ関わり、公的目的に捧げられているからである。国民の支配者は、実際には、この公的財産の管理者であり、国民的財産一般の管理者ではなかった。それは彼らの管轄外であった。したがって国家経済学（Staatswirtschaftslehre）とは、財政とポリツァイの教説に限定されたものと見なされるべきである。それではヤーコプの体系は なんと呼ばれるべきか。「私には、National-Oekonomie ないし National-wirtschaftslehre という表現が、人々の富の全性格、その起源と消失、したがってその物理学が分析されるべき概念の一体系を特徴づけるのにもっとも適切であるように思われる」（Tribe 1988: 170）。

この時点にいたるまで、「国家経済」の語が国家内の経済過程の一般的考察として支配的だった。

たしかに国家と国民の財産の区別はあったが、それらを政治学とは区別された形で論ずるのは「ポリティカル・エコノミー」、国家と国民の財産の両方を含む国家経済という学問であった。だがヤーコプは両者を鋭く分けた。Staatswirtschaftslehre は、富が産出され再生産される領域とは区別された国家の活動に限定される。こうしてスミスに発する国富の研究は、国家経済学とは区別された新たな領域の中心に据えられた。そしてスミスとは異なり、この領域はもはや国家の活動に直接関わるものではなかった。トライブはこう結論づける。「暗示的にではあるが、ここで我々は初めて、国家と市民社会の明確な区別に出会う。この区別では、経済過程の研究は市民社会の自己組織の研究であって、国家行政の研究ではない。こうして範囲を定められた知識のこの体系は名称を必要とした。ヤーコプはこれを Nationalökonomie と呼んだ」(Tribe 1988: 170)。当然ながらこの名称は彼の戦略的な選択であり、また論争の対象にもなった。

ヤーコプは自分の教科書を「第一、National-Wirtschaftslehre の概念」の定義から始める。それは以下のように要約される(4)(Tribe 1988: 171)。

第一項　各人が市民社会に入って追求する主要な目的は、より安全で幸福な生活をおくることである。

第三項　幸福な生活は、まず第一に人間的必要を満足させる手段の利用可能性にかかっている。その手段は、大部分が国民成員によって獲得されるか生産される——これが国民的富ないし国民の財産である。

第四項　この富の獲得の第一の条件は人格と財産の安全である。私的権力が富の維持や増加のために充分でないところでは公的な権力が必要とされる。

こうして主権をもった国家が政府によって公共目的のために活動する必然性が説かれる（第五項）。そして政府がその目的を達成するために用いる手段を扱う科学はStaats-oder Regierungs-Politikと称される（第七項）。政府が用いる手段を厳密に規定するために公布される規則が法であり（第八項）、法の目的には以下の四つがある（第九項）。

(1) 国家の合目的的な組織—国法理論（Staatsverfassungslehre）

(2) 国家成員相互の法的諸関係および法的諸結果の定義—司法立法

(3) 諸権利の安全と、行為の特定化による一般的福祉の増進、および公的諸制度の創出—ポリツァイ立法

(4) 公的財産の獲得方法および公共目的のための利用方法の特定—財政学ないし国家経済学 Staatswirtschaftslehre—Staats-Oekonomie

第一〇項　National-Oekonomie あるいは National-Wirtschaftslehre は、政府の保護の下で大衆が自己の目的を達成する手段を検討する。すなわち、財産の獲得、増大そして享受。国民的富の生成、分配、消費、再生産ないし維持のあり方。そして国家内のあらゆる環境や出来事がそれに与える影響。

さらに、国家経済学は国民的財産のうち政府活動と結びついた部分にもっぱら関わるので、政府の収入とその維持および増加の源の適切な評価を行なう必要があるため、National-Wirtschaftslehre によって導き出される諸原理を利用せねばならなかった。逆にその意味でも National-Wirtschaftslehre はポリツァイと財政学にとって必須であった。こうした記述から、ポリツァイの語は、日本語では「行政ないし政策」という国家活動をさすものと解することができる。財政と行政は、国民の生活に資するべきものだから、民の富に関する National-Wirtschaftslehre を前提とし、またそれに深く関連するはずである。しかしヤーコプは両者を分離し、National-Wirtschaftslehre が自律的に存在すべきもの、としたのである。Nationalökonomie の先行研究の簡潔な検討を行ない、そこから結論を引き出したヤーコプは、スミス以前に市民的福祉の理論を政府（統治）の科学から区別することを考えたものは誰もいない、と主張している。ロックから重農主義者を経てスチュアートに至るまで、すべての著作者が Economie politique, political economy を、まずもって国家収入の源を特定することに関わる統治の科学として扱っている、と（Tribe 1988: 172）。

ヤーコプは、市民社会の経済理論として Nationalökonomie の明晰な叙述を提出しただけではない。教科書の中身もまた新たなやり方で編成されている。そこでは主要な三分野「国民的富の源泉と増加について」「国民の富の分配の諸原理について」「消費について」の区別が出されている。一般には一八一四年に出されたセーの『経済学概論』第2版が「生産・分配・消費」の三分割をポリティカル・エコノミーの言語世界に導入した最初のものだ、とみなされている。だがヤーコプは、『経済学概論』初版出版（一八〇三年）の二年後に、すでにセーの経済分析の扱い方をこの見出しの下で整理していたのである（Tribe 1988: 172）。

トライブはこのヤーコプを、この時期に同方向の新しい経済学創出に努力した幾人もの同時代人のうちの一人として描いている。たしかに彼が最初に用いた教科書の筆者ザルトリウスやゾーデンら、幾人ものスミス導入者がいた。だが語法や「生産・分配・消費」の三分割の導入に象徴されるように、ヤーコプの有する管制高地的な位置価には止目すべきであろう。

トライブの研究は、ヤーコプを自然法に基礎をおく著作者の一人としているように、当時の自然法観と市民社会論を射程に入れていた。本稿の課題からやや外れる部分もあるが、彼の結論部分から次の重要な二箇所を引いておく。そして後者をここでのまとめに代えたい。

「……スミスが進めた原理は、自然法の改良から生じた社会秩序の再定義と統合された。この改良は国家と市民社会の領域の分離をも意味した。スミスの経済学は、市民社会の成員の活動を言い当てるものとして構成された。Staatswirtschaft は一方で大きな改訂を、そしてその結果として限定を経験したが、国家と経済の新しい関係と結びついた一つの知識体系として存続した。自然法の普遍主義的原理は、経済生活の形式的理解が国家と行政の領域のヨリ経験的な捉え方に結びつけられるのであれば、経済活動の一般的性格の言明（表明）として受け入れ可能であった」（Tribe 1988: 175）。

「従って Nationaiökonomie はポリティカル・エコノミーではない。少なくとも一九世紀の最初の二〇年、つまり新たなディスコースの形成期にはそうではない。Nationalökonomie と Staatswirtschaftslehre の組合わせが英語の『ポリティカル・エコノミー』とほぼ等価の知識体系（にして教説）であった、と示唆しうるのではないか。だがポリティカル・エコノミーは Staatswirtschaftslehre を消さなかったし、単純に普遍的経済原理の一体系として採用されもしなかった。まさにこの時期、ドイツの経済分析は、（一方で）スミス主義の批判が始めた普遍的原理と同一視される兆候をみせ、（他方で）人間の必要と国民の発展の多様性を適切に表現できる一般的理論体系を確立することは原則として可能ではない、と主張したのであった。この時期とは、リストの『経済学（politische Ökonomie）の国民的体系』（一八四一年）とロッシャーの『歴史的方法に拠る国家経済学（Staatswirtschaft）講義要綱』（一八四三年）が出版された一八四〇年代——それ以前ではない——にまで到る時期のことである」（Tribe 1988: 175-6）。

2　経済学教科書の構成

たしかにトライブの記すようにこの錯雑した状況は一九世紀半ばまで続いたようである。同時代の証言とは言えぬが、世紀半ば過ぎのカウツ（Julius Kautz, 1829–1909）の見方を参照しておこう。カウツはロッシャーに強い影響をうけ、ドイツ語圏で（おそらくは）はじめて浩瀚な経済学史の著作(5)をものしたハンガリー人である。

彼は一九世紀前半を振り返って、相互に影響しあってはいるが基本的見解では分かれるとみてよい学派が認められるとして、五つの学派を挙げた（Kautz 1860: 619）。

(1) 三〇年代にまでいたる厳格なスミス主義の学派。現代ドイツの長老ラウを代表者とするが、同時に彼が終結にして終焉となる。

(2) 重商主義的で保守主義的＝反スミス学派。これは(1)に併存しており、主唱者としてはフィヒテ、ルーデン、オーベンスドルファー、アダム・ミュラーらが挙げられる。

(3) 批判的学派。これは三〇年代初めに興り、シャープな頭脳のヘルマンに主導され、深い思索のベルンハルディとともに四〇年代末に締めくくられた。

(4) 保護関税的＝反スミス学派。これは今世紀最大の保護関税理論家リストに代表される。

(5) 歴史的（語の高次な意味における）に媒介された学派。これは現代の最大にして最重要の斯学の代表者ロッシャーによって基礎づけられた。

以上に加えてカウツは、ドイツ出自でドイツ的思考の一連の著述家を加えたい、とする。それは、ロッシャー言うところの「ドイツ＝ロシア学派」なるもので、シュトルヒ、シュレッツァー、ベルンハルディ、フリートレンダーらの名が挙げられた。彼らは、高度の文明国の事情を吸収し、低い文明の地に生活の場を移したという特徴をもち、教条的な先入見を捨てて多様な文化段階の多様な欲求と能力に注目して、歴史的方法の一連の萌芽を採らざるをえなかった、とした(6)（Kautz 1860: 619–20）。

彼の叙述は冗漫で、理論的な整理は弱いが、時代潮流の一つの見方として（情報量の多さとともに）有益である。[7] 彼はVolkswirtschaftslehreとNational-Oekonomikを同義として用いている。[8]

カウツがここに挙げたラウ（Karl Heinrich Rau, 1792–1870）とロッシャーの二人は、一九世紀ドイツの経済学教育に大きく影響する教科書を書いた人物としても知られる。ラウのLehrbuch der politischen Oekonomie（『経済学教本』）は一八二六年に三巻本として出され、版を重ねたのち、死後もヴァーグナー（Adolph Wagner, 1835–1917）とナッセ（Erwin Nasse, 1829–1890）によりその改訂版が出されている。またロッシャーは一八四三年にGrundriss zur Vorlesungen über die Staatswirtschaft nach geschichtlicher Methodeを出版したのち、内容を大幅に拡大して五巻の『国民経済体系』（System der Volkswirtschaft）を逐次刊行した。資料としてロッシャーの要綱とラウの教本（生前最終版）の目次を掲げておく。[9] ラウからは「ポリティカル・エコノミー＝理論＋政策＋財政」の観念が、ロッシャーからは理論における「生産・分配・消費」の三分割図式が、それぞれ明確に見て取れる。さきのトライブの結論を「ポリティカル・エコノミー＝国民経済学＋国家経済学（政策＋財政）」と図式化しておくなら、ラウの体系はまさにこれを体現するものであった。またロッシャーの一八四三年版は、タイトルに前の時代の表現を残しているが、先にみたヤーコブが新たな名称を必要とした知識の領域（新たな経済学）の導入には意欲的であった。また『体系』は、1. 国民経済の基礎、2. 農業経済学、3. 商工業経済学、4. 財政学体系、5. 救貧政策体系、の五巻よりなるが、表記は1はDie Grundlagen der Nationalökonomie（1854）、3はNationalökonomik des Handels und Gewerbefleisses（1881）と、一九世紀初頭の語法が生き続けたことを示している。と同時に、これらがVolkswirtschaftの体系であることに注意しなければならない。国民経済の学はNationalökonomie（-ökonomik）からVokswirtschaftslehreへとたしかに移ってゆく。このNation（national）とVolkは、我々がポリティカル・エコノミーならぬエコノミクスの等価物をドイツに見ようとするとき、一種のストレスとなる。

三　シュモラーの書評

ハンドブックの編者シェーンベルク（Gustav Friedrich von Schönberg, 1839–1908）はポメルンのシュテッティンに生まれ、ボンとベルリーンで国家学、哲学を学んだ。一八六〇年に学位を取得したが、学位論文（法学）は親しい友人フェルディナント・ラサールに捧げられている。裁判所で働いたのち、一八六五年にプロイセン王立統計局に入る。当時の局長エンゲルの下にはブレンターノやクナップ、ヘルト、ヴァーグナーがおり、ハレにいたシュモラーもエンゲルをよく訪ねてきたという。彼らは社会政策学会（一八七二／七三年）の創設メンバーであるが、いわばこの「エンゲル・コネクション」の交流が、その後の運動を醸成したといえる。シェーンベルクはグナイストの勧めにより経済学でアカデミック・キャリアを目指すことになった。一八六七年にはオーバーシュレジエンのプロスカウにある農業アカデミーに経済学と農業法の職位を得た。同年ハレ大学に学位論文（哲学）を提出し、六九年、スイスのバーゼル大学で経済学と統計学の教授となった。一八七〇年にはフライブルクに、七三年にはテュービンゲンに移った。

七一年のフライブルク大学就任講演（一一月）は「労働局。帝国の一任務」と題され、社会問題に対応すべくドイツ帝国は労働者階級の実情を調査することを任務としている、と説いた。自由放任主義的国家観からすると国が経済過程に介入すると見られたこの提案には激しい批判がよせられ、オッペンハイム（Bernhard Oppenheim）は翌月、この考え方を「講壇社会主義」と呼んだ。これ以降この表現は、社会政策推進派の大学教授を指す言葉として広まった。シェーンベルクはその後テュービンゲン大で国家経済学部長や学長にもなっている。(10)

テュービンゲンのラウプ社から一八八二年に出された『経済学ハンドブック』に対してシュモラーは同年の『シュモラー年報』に書評を載せた。(11)

シュモラーはまず、編者が序文で「空白」を埋める企画だと自負していることを了としてこう記した。「ロッシャーの『経済学体系』のはじめの三巻が出されてから二七年たっている。ヴァーグナーによるラウの教科書の後継本も財政と経済学（Nationalökonomie, Nö）の一般理論をカバーしてなかった。今回二二名の優れた学者と官僚を寄稿者に得たのはシェーンベルクの功績である。このハンドブックは極めて有用なもので、よく用いられることになろう。ロッシャーのハンドブックと並んで今後数十年、法学・国家学の学徒が国民経済的（volkswirtschaftlich）認識をえるための、試験に備えるときの主要参考書である」(249)。

シュモラーは執筆者の紹介も兼ねて、彼らの世代をまず評している。古い世代からはヘルフェリッヒが入っているが、彼は英国の理論に親しむ狭義の理論家で、限定的な参加となっていること、他にはゲフケンとリーケという実務界で知られた専門家と統計局のベテランでテュービンゲン大学長のリューメリンが年長組であることを紹介する。このリューメリンからシュモラーは若き日に統計の手ほどきのみならず大きな影響をうけていた。[12] それ以外の執筆者はほぼ四〇〜五〇歳代で、古きマンチェスター学派の信奉者はいないが、政治・経済的には多様な信念をもっている、として、次に執筆者の立場にふれた。「ヨリ保守的で国家社会主義に傾いているヴァーグナーとシェール、政治的には自由保守党的だが経済的には極めてリベラルなナッセ、中間的路線の講壇社会主義者であるノイマンやシェーンベルク、レクシス、そして断固たる個人主義的国家観をもったブレンターノ、など……」(250)。たしかに多様ではあるが、そのことは、みな限定された個別テーマを扱うので、対立が強く現れることにはなっていない。しかも、実践的志向性は大きく違っても、学問の方法や体系性(Systematik)についての見方はそれほど変わらず、多くは、主にラウとロッシャーに代表される方向性をとっている、というのがシュモラーの評価である。

この評価との関連をシュモラーは明示的に書いてはいないが、おそらくは関係するであろう批判が次に出される。それは、このハンドブックが古い学問を代表するものだ、という評価である。「全体の内容は、個々人の実質的な進歩的立場や、多くの人の包括的な学識にもかかわらず、どちらかと言えばドイツの科学の過去の反映物であって、未来のそれではない」(251)。一般論として、このような多人数の集成ものは、出されたときにはもう古びているものである、とシュモラーは言う。だが次にくる説明から、これが一般論ではないことが見て取れる。それは彼の経済学の現状認識と、彼の望む経済学のあり方を示している。

「現在のドイツの経済学(deutsche Wissenschaft der politischen Oekonomie)は全面的な転換のさなかにある。一定の実践的目標が目の前に出てきたというだけではない。つまりそれは急速に交替しており、また国家総体の強調には、一部ではすでにまた個人の自由の同様に著しい強調が続いている。もっと重要なことは、厳密な歴史(Historie)および自然諸科学が方法に与えた影響である。広い学識、厳密な研究、そして長らく単に教義的でバラバラにそれ自体として扱われてきた経済理論 Wirtschaftslehre の諸命題を、法哲学や他の哲学、心理学、歴史、倫理へと再度結びつけること、これらが今日の激変を特徴づけており、この変化の最終的な帰結は、いわゆる経済学(politische Oekonomie)の社会科学(Szialwissenschaft)への転換となるであろうし、またそうならねばならない」(251)。

じつはシュモラー自身、シェーンベルクからこのハンドブック企画の計画を事前に聞かされ、参加を要請されていたが断った。その理由は、経済学的認識がいま見たような転換のただ中にあり、もう一〇〜二〇年もすれば個別研究の進展によって新たな体系の基礎が固まって古い体系的教義(die alte systematische Dogmatik）が時代遅れとなるだろうから、現時点での企画は時期尚早だ、というものであった[13]。実際に出来あがったハンドブックはこの思いを裏付けた。「これはなんら新たなものではなく、細部に改善をほどこした古きラウの経済学（Nö）である」（251）。前節でみたラウの体系は、シュモラーによれば「技術論的なドイツの官房学と抽象的なドグマティズムの（abstrakt dogmatische）いわゆる純粋なイギリスの経済理論（Wirtschaftstheorie）との結婚から生まれた子供」（252）であり、乗り越えられるべきものであった。

では乗り越えられるべき枠組ではどんな問題が生じるか。かつてロッシャーも改善努力をこころみたが古い枠組では新たな素材を適合させることができなかった。このハンドブックでは社会主義と共産主義の項目を前の方に置き、人口論を第1巻末尾に配した。そしてこの体系の枠内におかれた生産と消費の理論では、レクシスのような有能な学者さえ、「消費の主体はもっぱら人間である」、「すべての人間は必然的な仕方で消費者であり、多くはまさに消費者でしかない」、「消費の様々な部門のうち、食糧需要の充足が首座となる」といった、学生でさえ首を傾げたくなるような陳腐な決まり文句を書かざるをえないことになる（251）。

シュモラーの想定するあらたな体系とは、以下のような考え方に基づくものであった。

「経済学（Nö）が今日科学であるのは、ただそれが社会理論 Gesellschaftslehre にまで拡張され、またそれが行なわれる程度においてのみである。その全出発点はもはや個人とその技術的生産ではありえず、社会とその歴史的発展である。拡張の遂行は、経済生活の社会的現象諸形態についての研究でなければならない。それはまずもって経済的諸組織および経済的諸制度について扱うべきであり、それらがどう歴史的に展開してきたのか、あるいは実際にどう関連し併存しているのか、ということを継起的系列のうちに示さねばならない」(252)。

そしてその具体的な姿についてシュモラーはこう記した。

「もしこのことが認められるなら、経済学(politische Oekonomie, pO)の新たな体系Systematikは容易に構成される。出発点は、物質的・心理的関連から見た社会である。人口論と、社会の心理的・倫理的・法的基礎とによって始められるべきである。次にはとくに心理学的考察によってすべてのそれ以上のことに対する正しい基礎が得られる。例えば、価格理論のすべての詳細は応用大衆心理学以上の何ものでもない。そしてこれに続いて経済的諸組織と分業および他の原因によるその継起的形成の理論がくる。主要な組織として現われるのは家族、企業、自治体、国家である[14]」(252)。

この観点からみると、ハンドブックに見られる古い編成では、経済的企業、協同組合、株式会社などについては多くの章で繰り返されるが、専門的に論じられるところがどこにもない。組織に続いては重要な諸制度、つまり市場とその価格形成、度量衡制度、貨幣、信用などがおかれている。だが例えば、あらゆる貨幣制度が度量衡制度の公的秩序の中から発展してきたことについて分かっている歴史的な見方からすればハンドブックでは、なぜ度量衡制度が貨幣・信用制度のうしろにおかれているのかおよそ分かりにくい、といった問題を残す（252）。

シュモラーのハンドブック全体に対する批判はここまでである。彼の経済学の現状認識が語られており、社会政策学会に集う「歴史学派」の研究者たちの経済学（pO）およびその体系の見方に対して、また古いドグマ的抽象理論に対しても批判的なシュモラーの立場がよく示された。ちなみにこの翌年、一八八三年にメンガーの『社会科学とくに経済学の方法に関する研究』が出版され、「方法論争」が公然と開始される。

書評は、以下、第一巻に限定して、幾つかの項をとり上げて論評していく。したがってこれ以降の記述からは、のちの「方法論争」的観点ではなく、歴史学派内の相違とシュモラー個人の立場、ないし歴史的な見方からする独自な論点如何といった観点から見たほうが、内容的に豊かな含意を汲み取れる。

まずシェーンベルクの序論的「国民経済」では、経済段階の叙述を最良だと評し、ノイマンの「基礎概念」については以前のジクヴァルトの論理学に対応したものからの大きな進歩を認めている。次にナッセの「貨幣・鋳貨制度」やヴァーグナーの「信用・銀行制度」、ミットホフの「分配」について、それらが「できるかぎり区分し分類して事実的経過の叙述と説明があまりに少な」く、ラウ＝モール的教本のヨリ古いスタイルを思い起こさせる、という感想を記した（252）。抽象的な説明が具体的描写に結びつけられ、できるだけ広範な事実を基礎とした一般化がなされたなら、教育目的にもかなない、かつ学問的にも実りあるものとなろう。だがここではドグマティズムに従った逆の関係になっている。ミットホフのところで賃銀の抽象的な説明がなされているが、ブレンターノによる今日の労働者事情の具体的な論評はずっと後になってから出てくる、といった具合である。

シュモラーはさらに、「消費」以降の実践的経済学（Nö）と呼ばれる部分（【資料2】の目次（08～23））に進み、「マイツェンが『農業政策』の序で、ケルト・ゲルマン・スラヴの定住史に関する彼の農業史研究の興味深い結論を手短に伝えて、それからドイツの農業立法とその成果についての概略を与えている」ことを紹介している。また従来扱われることの少なかった林業と漁業の項があることにも触れている（253）。

シェーンベルク「工業　第1部」に対しては、この書評の中ではめずらしく細かい注文を出した。説明は「定義、工業企業と工業統計についての若干の言及で始め、そこから工業制度の法的秩序、そしてその歴史に入っていく」が、そこでのローマの工業制度についての説明には全面的に了解しがたい、と言い、テオドシウス法典によってとくにローマ帝政期には世襲的拘束が多くの工業的職業に支配的であったことを明らかにした仏語文献を指示する。また、初期中世のギルド制度に関するシュモラー年報に掲載された最新の研究に触れていない、とした。シェーンベルクの専門であるツンフト制度の叙述は明確で詳細だが、一六～一九世紀については扱いが薄いことを批判して、「この時代をより深く検討すると都市政策と領邦政策の闘争が特別の興味をよぶ。ここで我々は、今日では自明の秩序と見なすものの多くが、時間をかけて国家権力によりコルポラツィオンから取りあげられざるをえなかった様をみる」、と自らの見解を付した（253）。最後に、シェーンベルクが今日のドイツの工業立法を仏・英・露・墺と比較し、営業の自由の諸帰結の論評に工業の教育問題や協同組合、コルポラツィオンの説明を繋げたことを評価している。

次に、ブレンターノの「工業労働者問題」について充てられた一パラグラフは全文を紹介する。この項目は、第2版ではシェーンベルク執筆のものと差し替えられるという運命をたどるので、このことだけからしても興味をひく、

「次のブレンターノの工業労働者問題についての論稿は、本来の教科書的色合いのすべての章から、まずは一番離れている。それはヨリ論文形式になっていて、ブレンターノがこのテーマについて様々の論稿で書いたものを、たしかに多くの説明で補われているけれども、主に総括している。このうち私は主として今日の社会政策上の党派についての説明を強調しよう。それは、辛辣で鋭利な書きっぷりと著者の党派的立場のために、当然ながらたちまち矛盾をみせているが、ドイツの主に帝国議会における諸党派の実際の社会政策上の有効性に関しては、本質的なことを正しく言い当てているように私には思われる。ブレンターノがシュトゥムとその一味に対する怒りを工業界の大立て者たち（Magnaten）に対する激しい攻撃（Philippika）に転じていることは、たしかにやりすぎであり、また彼が中間的党派から出ている理論的努力をほぼ完全に無視しているということは、彼の一

面的な社会政策的党派的立場の帰結である」(253-4)。

シュモラーがやりすぎと心配したとおり、工業界からこの項目について編者シェーンベルクに異議が出され、編者と執筆者ブレンターノとのやりとりののち、第2版での差し替えに決着した[15]。

最後にシュモラーはレクシスの「商業」について論じる。この項目はハンドブック全体の中でも最良のものと評価したシュモラーは、執筆者の商業政策的立場を全面的に支持すると記した。そして「技術的な生産と価格の考察に始まり、政治的—国家的議論という中間項を経て社会政策的結論の考察へ到る」議論(254)の中から評者がここで取りあげるのは、自由貿易論、交易の自由という論点(のみ)であり、また同じことだが、理論のドグティズム批判である。

レクシスの議論はほぼ以下のように紹介された。商業は、個々の企業によって主として利益追求を目的に営まれるが、そのことにより国民経済的に最大の効用がもたらされるか否かが問題となる。生産物は最少のコストで作られるところで生産され、商業はその有利な地に労働力を引き寄せ、そうでない地は衰亡する。競争のなかで繁栄と衰亡の地が生じるが、両者の間に国境線があるか否か、これが重要だ。同じ国内でのことなら、それらは耐えられる。人口の移動や産業構造変化は比較的穏和であり、国内政策による対策も可能だからである。

国境をはさむとなると、祖国愛やその他の感情的要因、強い経済外的諸力がこれに反応し、どの国民も自国の工業を競争のなかで維持しようと、ヨリ低い企業家利潤、ヨリ低い賃銀で競争に向かう。英国に対する他の欧州諸国がそういう状態にあった。とくに労働者にかかる大きな犠牲をもって抗戦し、譲歩することはできなかった。なぜなら、ひとたび生じた多数の工業人口に充分な就業口を見出せなかったからである。国際的な競争となれば国民的エゴイズムが生じて、「力と労働力の最少支出の原理」よりも国民の経済的利益の方をとるのは自明である。「それゆえ国民国家がコスモポリタン的に消失しないかぎり、また消失しないがゆえに、完全な国際的通商の自由の原理はアプリオリには提起されえない」(254)。

シュモラーは、この項目から書評中で最長の引用を行うが、それは、そこに自らの抽象的理論への批判意識を重ねているがごときものであった。

「抽象的な自由貿易理論は、国民的特殊利害関心という事実を、またそもそも諸国民の文化、経済的能力、社会的および財産の諸条件の多様性をあっさりと考察から外す。それは見たところすべての人間の平等という理想的な仮定から出発するが、現実には、経済的強者が弱者をあっさりと否定するダーウィン的生存闘争をなにか自明のものと仮定し、相互に闘う大衆の規則的な運動を満足げに鳥の目で叙述するが、これらの運動がみな、何千人もの厳しい苦難と没落に結びついていることを考慮しないのである。それはおよそ現実にふれることのできない定式化に従い、空想的に楽観的な調和主義にもとづいて、実践的経済政策のための規範を提出するが、この企図に結びついている経済的悪弊をそもそも正確な検討と評価によって判断することはない」(254–5)。

レクシスが言うように、すべての交換においては両者が得をする、という抽象的な公準は実際には何も言ったことにはならない。ではなにが問題か。競争によって住民のある部分が飢餓賃銀に押し下げられ、他方で別の住民部分が一定の商品をヨリ多くヨリ安く手にするとしたら、両方の部分の実際の数的関係だけが、消費が全体として増えたか減ったかについて決定する。だから外との遮断がどんな帰結をもたらすかについて判断するときは、商業・工業諸関係の具体的な検証こそが問題なのである。

レクシスの説明は、保護関税と自由貿易の支持・批判につかわれたあらゆる根拠を極めて慎重にバランスよく取りあげ、現在の事情の下では、競争激化が既存の大工業を脅かし、下層の福祉、賃銀、持続的雇用を危うくしているので、保護関税のみが支持できる、としている。レクシスが現代の発展一般をますます貿易の自由に向かうと最後に強調したことを紹介したシュモラーは、彼の最終的展望が、国際的に等しい完全な交易の自由（Verkehrsfreiheit）にあてはまるのではなく、むしろ中・西欧諸国民がヨリ高次の共同体へと、一つの関税連合（Zollbund）へと融合した場合にあてはまる、とコメントした(15a)（255）。

レクシスに再度賛意を表したあと、書評の最後にシュモラーは同じ真理に別の光を当てて示そうと、興味深い叙述を付け加えた。それは、生産コストの最大の節約をもたらす国家なき商業という抽象像が、あたかもそんなものがどこかに存在するかのような仮象が生まれていることへの批判である。そういうものがまずあり、あるとき、これまで自由だったこの大きな交易領域に、国境と国民的偏見が入り込んだかのような仮象の批判である。

「現実の経過は逆であった。すべての商業は本来的には小さな人間共同体の制度組織に担われていたし、その共同体は多少なりとも相互に著しく封鎖的で、他者および他者の商品との交易を禁じていた。中世にあっても、少し大きなドイツの諸都市はみな相互に封鎖的な商業体系となっていて、あらゆる種類の保護関税、差別関税を備え、また倉庫強制権や客人権、道路強制権等をもって、周囲の諸都市に対抗していた。領邦的・国家的権力がようやくそのシステムを、長く困難な戦いのなかでそして当然ながら初めは自らの領域内においてのみ、克服したのである。自由な内部の交易とは国家・国民感情の産物である。また今日でも個々の国家の境をこえて自由な交易が行なわれている限りでは、それは、ヨーロッパの各々の文化国家が一つの類似した状態へともたらした一定の倫理（Sitte）と制度の、条約と国際的な法律の概念の帰結なのであり、領邦国家形成期のある地域で諸都市が作り出したのと同様である。こうして自由な交易というのはつねにある倫理的・社会的法共同体（Rechtsgemeinschaft）の最終的産物に過ぎず、まさにそれゆえに、倫理的法的共同体の最高度の完全な形態が達成されたところ、つまり国家において、あるいは国家連合（共同体）においてのみ、絶対的なものたりうるにすぎぬ」（255）。

ここに、最少コストの生産という経済理論から引き出される自由貿易論を「抽象的」と批判するシュモラーの立脚点を見ることができる。[16] 彼の言う歴史研究とは、そこからただ教訓を得るためのものではなく、現実を支配している制度から観念にいたるまでのすべてを、その成立と発展史にそくして検討し、その機能や妥当性根拠を明らかにする作業であったと言えよう。経済活動の説明には、法や政治、倫理など多様な要因を稼働せねばならず、しかもそれらは抽象的・理論的推論によってではなく、歴史具体的・統計的な実証によって、確かめられるものである。こうした研究の進展によって経済学的な諸範疇・諸概念がさらに深く吟味され、また改作される。経済現象を説明するために用いられる「理論」は、こうした作業を前提にしてこそ得られるはずである。このシュモラーの目には、ラウやロッシャーがいう「理論」は抽象的な、英国経済学からの借り物以上のものではないと映ったことであろう。ここに紹介したハンドブック各項目へのシュモラーのコメントは、彼のこのような理論観から出てきたものと解することができる。

一八六〇年代後半に始まった歴史的・統計的研究の新潮流を主導してきたシュモラーは、シェーンベルクにハンドブックの企画を「時期尚早」と言い、また出来あがったものを「古い体系」と評した。それは、彼にはいま記したような歴史研究の成果への期待と、またその成果からまもなく新たな経済学を体系化できる時期が来るとの自負があったから、と見てよいのではないか。または「経済学の社会科学への転換」の加速とその実現を信じていたのであろうか。

四　メンガーの書評

ハンドブックの第2版は三巻になり、1巻と3巻が一八八五年、2巻が一八八六年に出された。前節でふれたように一八八三年に「方法論争」を開始したメンガーは、一八八五年に『ドイツ国民経済学における歴史主義の誤謬』を出版して歴史学派への批判を強めた。本節で見るハンドブックの書評は一八八七年に公表された。[17]それゆえこの書評で出される論点は、すでに上記二冊のなかで展開されたものの繰り返しとなっている。

あらかじめ論評の基調を示せば、ハンドブックの個々の項目の内容が充実していることへの評価と歴史学派的認識目標の存在理由の肯定とを前面に出し、同時に歴史学派が精密な理論的認識を得ることの意義を誤解していることを強調する、といったところである。

メンガーはまず、約四年前にこのハンドブックが出版されて好評をえたこと、この種のものが教養層に待たれていたことを記したあと、本書の成功は喜びであり、真摯な経済学徒に役立つという功績を認めつつも、評者（メンガー）には疑義もあることを隠さない、と付している。

初版との違いについてメンガーは、変更というよりも根本的な改善と評した。また初版になく、第2版で加わった項目と執筆者を紹介している。ここでは第2版の目次紹介をメンガーからの引用で済まそう（カッコ内に【資料2】の数字で位置を付した）。

新たなものは「コンラート（ハレ）の農業の価格、農業関税（14の次に「農業第3部」として）、およびハンドブックでは農業政策のこれまで扱われてなかった個別部門の論稿、ローライ（テュービンゲン）の狩猟について（15の次に）、ゲフケン（ハンブルク）の人口政策、移民および植民について（24の次に）、ライツェンシュタイン（フライブルク）の地方自治体財政について（II－10の次に）、G・マイヤー（イエナ）の行政学の基本問題について（III－01の前に）、M・ザイデル（ミュンヒェン）の治安警察（Sicherheitspolizei）について（III－03の次に）、およびジョリ（テュービンゲン）の教育制度について（III－06の次に）の論稿である。L・ブレンターノの工業労働者問題についての論稿を取り下げたことは、編者の執筆になる実際には適切な代替物があるとはいえ、いずれにせよこの企画の友すべてがとても残念に思うであろう」（3）。

三巻になったことについては、初版でもずいぶんボリュームがあったたし、財政学を含むポリティカル・エコノミーだけでなく行政学をもカバーしており、重要な問題を専門的に扱うからやむをえない、とした[18]。

このあと全体の編成を紹介し、編者シェーンベルクと、体系にかかわる項を執筆したノイマンにやや詳しく批判的コメントを書いている。

まずシェーンベルクが経済学（Volkswirtschaftslehre, VWL）の「法則」の本質をただ一面からしか正しく特徴づけていない、と批判する。書かれているのは国民経済の「経験的法則」についてのみである。こうした法則と並んで合理的な経済的目的関連の法則も存在する、ということには触れられていない、と。この経済現象の「経験的法則」と「経済性の法則」の対置について、メンガーはすでに八三年の著で詳しく論じており、この書評でも後半部で触れられる。

もう一点、経済というとき、シェーンベルクは財需要の充足を目指す活動のみを理解すべきだ、という見方を却下したが、それは彼の誤解だ、と指摘している。

「ある人の財需要は、その人が貨幣収入を調達するだけではまだ充足されていない。ここには『家計（Haushalt）』――直接的財需要の家計による充足――がさらにこなければならない。収入の経済的使用（支出）ではなく、本来の消費行為だけが上記の定義により、しかも全く正当かつ語の使用法にかなって、『経済』という概念によって析出されるのである」(6)。

さらにシェーンベルクの経済段階の叙述にもふれ、史料の利用法にやや疑念を表しつつも興味深いとした。そして工業と工業労働者の項を、「比較を用いた歴史的―統計的研究および主要文化諸国の経済政策的立法の包括的考慮を基礎にして、国民経済の上記の重要な領域を扱い、これまでの経験を科学の役に立たせようとする志向がいたるところ現われている。著者が労働者問題で採った立場は改良的な、問題の経済的な面のみならず政策的および倫理的宗教的な面をも考察に入れる立場」(6-7)であると紹介し、この二つがハンドブックのもっとも教育的なものだと賛辞を呈した。

このあと書評はほぼ目次にそって第1部の、とくに理論的な項目をとり上げていく。ここではその個々の内容には立ち入らないが、後段との関係で、二点のみ触れておきたい。

一つはノイマンに対する批判である。彼は理論的経済学の基礎理論を担当したため、かなり厳しい批判をあびることになった。経済的用語法と法学的用語法を交えての叙述や、無用にも思えるような概念規定の連続を厳しく批判するメンガーだが、彼の立場をこう弁護している。ドイツの経済学がほとんどもっぱら歴史的―統計的課題と実践的課題に没頭した時代にあって、現実の国民経済の理解にとりまさに基礎となる分野、つまりは理論分野を独力で耕し、歴史学派の一面性や理論研究の折衷主義を打ち破ろうとした功績は大である、と(10)。

もう一つはリューメリンの人口論(Bevölkerungslehre)についてである。メンガーはこれを、国民経済に関連して扱うだけでなく、浩瀚な歴史的・統計的・人類学的史料を基にした社会科学の独自な部門として、包括的な仕方で扱った、と評している。そこには人口の数え方からその実態、変化、さらにはいわゆる人口理論、職業統計まで書かれている。メンガーは、これらがすべてこうした経済学ハンドブック中に正しい体系的位置を占めるものなのか、むしろ人口統計が置かれるべきではないか、等の疑念をもった。だが「シェーンベルク版ハンドブックは厳格な体系性をそもそも意図してはいない」(13)として、この項が経済的著作では一般的な「人口理論」にとどまらぬ、示唆にとんだ一つの人口学(Bevölkerungswesen)の記述になっており、執筆者の独特な芸術的叙述であり、マルサス理論の説明はまさにお手本ものである、とコメントした(13-4)。

書評後半はハンドブックの体系性と一般的性格について論じている。「方法論争」中のメンガーが、論敵であるドイツ歴史学派の経済学者の主張と、ハンドブックの個々の項目にある（良質な）記述内容とを分けて、後者が前者とは矛盾していること、前者の限界を超えようとしていることを強調することで、論争相手の懐柔をはかっているように読める。以下、評者メンガーの主張のあらましを紹介する。

ドイツ歴史学派の誤った方法論のため、歴史的経済学者には普遍科学という理想が取り付いている。彼らは、たえず分節化される認識、歴史的・理論的・実践的真理のすべてを、経済に関係する限りはみな包摂しなければならない、という。経済史・経済統計、国民経済学（Nö）、経済政策の分離は認められない、と言っている。

だが理論的経済学（VWL）と経済政策を一つの体系的科学へと結合しようというのは疑問である。両者はその真理の形式的性質を異にするので、それぞれ別の体系となる。両者を描写のなかで結びつけようとするなら、経済政策の真理を理論的経済学（Nö）の体系に応じて整序する、換言すれば理論に関連する経済政策の公準を外面的に結びつけて理論的認識に即して論じるか、そうでなければ逆に、経済政策の体系的叙述にそのときどきの理論的な説明を伴わせるか、そのどちらかとなる。どちらも可能であり、経験からして実行可能である。科学的認識の発展を意識するものなら、この手続きのなかで経済学（Wirtschaftswissenschaft, Ww）のさらなる発展の兆候に気づくはずである。

だが、この事実を論敵たちは誤解している。

「私が論敵に対して非難していることは、彼らがこの事実を誤解していること、である。誤謬は次の点にある。すなわち彼らは、理論的経済学（Ww）と実践的経済学の結合を、それらの分離に対する進歩と見て、結合をわが科学の方法論の一公準だと評価している。そうではなく、われわれは科学的叙述における歴史的、理論的、実践的認識の極めて意義深い分離を必死に進めることを目指すべきなのである。わが歴史的エコノミストの一部は、この発展をまさしく方法論的誤謬として、また逆に退化を科学の一成果として描こうとする」（20）。

ハンドブックの体系学を扱ったノイマンも、経済（Volkswirtschaft, Vw）の歴史と統計が語の歴史的に成った意味におけるポリティカル・エコノミーの一部を成すものでないことには合意するだろう。すでにヤーコプやロッツ、ラウたちによって企てられていた「経済学（pO）を理論的部分、経済政策、財政学へと区分編成することとの原理的意義は、むしろノイマンによってはっきりと認められている。彼は、科学的素材の上記の編成がわが科学の方法論にとって有する意義をも承知している」（21）。

一方でノイマンは、経済学（pO）を組み立てている個々の経済科学（Ww）の内的な体系性に対して上記の観点がもつ意義をまったく考慮せずにいた。この点は、叙述において多数の知の領域の分離ないし総括が重要となる問題にあっては決定的である。つまり、もし体系性が、科学的研究の成果の内的関連の叙述と理解とに対して有する高度な意義を承認されるなら、ただちに、研究の形式的性格に応じて相異なる成果を整序して叙述する必要性――それらの厳格な体系の必要性――が、明確になる。

しかもそうなれば歴史学派によってあいまいにされた経済学（pÖ）の再編成へと必然的に到らざるをえない、というほどに極めて決定的なことなのである。

ノイマンは、経済学（Nö）の理論部門と実践部門への分離が「うんざりする繰り返し」とならざるをえない、と言うが、それは正しくない。それはドイツの経済学者に流布している誤謬にもとづく。それは、すべての個別科学は当該領域に関するすべてを提供すべきであり、他の諸科学の知識を前提する科学というのは存在しない、という誤謬である。「生理学が解剖学の知識を、外科と診断が前の二つの学の知識を前提とし、化学技術が化学の知識を、機械工学が数学の知識を前提とする、等々。形式的性格に応じた科学の編成が繰り返しに到る、という見方は、極めて著しい誤謬であり、まさにその逆こそ真である」(22)。

もう一つの誤りは、一般部門と特殊部門とへの区分についてであるが、これも方法論的誤解に基づいている。たとえば化学技術が化学の特殊部門として、外科が解剖学の特殊部門として、などとみなされることがまずないのと同様に、実践的経済学（VWL）が理論的経済学の特殊部門として、また後者（理論）が実践的経済学の一般部門として捉えられるべきではない。理論的経済学（Nö）にも実践的経済学にも、それぞれ一般部門と特殊部門があるのだ。百歩譲って理論と実践両部門を結合して扱うにしても、そこには一般的部門と特殊部門が生ぜざるをえない。経済学（ポリティカル・エコノミー）の一般部門と特殊部門への区分と、理論部門と実践部門への区分とは、相互に取り違えられるべきでない二つの方法論的問題である。前者は個々の経済学（Ww）の内的体系性にかかわり、もう一方は経済学全体の分類（クラス分け）にかかわる。

「こうして、方法論の観点からも、また体系性の観点からも、経済学（Ww）の一方での歴史的部分への、他方での理論的および実践的部分への分離の必然性が生じる。最近のドイツの経済学（Nö）が、ヤーコプ、ロッツ、ラウによってなされたわが科学の理論部分と実践部分への分離を再び打ち捨てたことは、決して進歩ではなく、主としてわが歴史的エコノミストの方法論のあてにならなさによって引き起された、悲しむべき退歩であった。このハンドブックもまた、上記の、極めて重要な経済学（pO）の体系性という問題では、ここで批判された立場に執着しているということは、ドイツ経済学（Nö）の今後の発展にとって、残念ながらどうでもよいというわけにはいかぬ、むしろ私の思うに悲しむべき事実である」（23）。

これに対して、ハンドブックの検討から評者にわかったもう一つ別のことは、むしろ喜ばしいことである。経済学（pO）――二〇〇年以上前からこの語で特徴づけられている学問のこと、つまり歴史的に成ったこの概念（pO）のこと――を、たんなる経済史とみる見方のみならず、またこの学のうちに一つの「経済史の哲学」だけしか認めない見方も、ドイツの経済学においては克服されていると見てよい。ドイツの学識あるエコノミストの実際に依拠している――彼らが実際に依拠している立場のことであって、そのようなものとして宣言されている立場のことではない――方法論的立場を映し出している著作があるとすれば、それがシェーンベルク版ハンドブックである。その方法は「実際のところ、経済（Vw）の個別的現象と大量現象の観察に、つまり歴史と統計そして少なからず日常の生活経験に支えられた一つの普遍的な認識過程という意味での経験的な方法である」（24）。それはドイツ以外の経験主義の主唱者にも見られるのと同じ方法、つまり普遍的な経験主義であって、このハンドブックで表明されている一面的な、ドイツ経済学（Nö）になにか独自なものなどではない。「比較経済史」を経済学（pO）一般と同一視したり、この種の「経済史哲学的」研究のうちにまさしくザヴィニの方法のわが科学への転用を認めるという、人を誤らせる前提のもとで企てられた試みは、このハンドブックのような有力な研究を前にしては挫折したものと見てよい。

評者は、ドイツのエコノミストの立場と、方法論の主唱者たちにより提起された教説（Lehrmeinungen）との部分的な不一致を指摘した。ドイツの経済学（Nö）は、経験というじつにあたりまえの確かな「方法」に従うことで満足せず、全く独自の、他のどの民族の経済学（pO）でも、とくにまた一般的認識理論においても聞いたことがない方法を有している、ということに特別の重みを置こうとしているかのごとき印象を与える。この誤謬が取り払われれば、ドイツの同僚たちの経済学的（nö）研究の実際の作業が彼らの方法論の理論的見解とは比べ物にならぬほど高度である、ということを教えてくれるであろう（25）。

そうなれば、最後の重要な問題点である彼らの方法論的立場の一面性も終わりを迎えよう。すなわち、精密経済学の誤解をまねく否定のことである。少なくとも評者は「経済の経験的法則を確定しようとする指向を、わが科学の領域における理論研究の二つの基本方向の一つとして特徴づけ、その認識方向の性格を立ち入って描いてきた」(26)が、ただ「一定の、とくに歴史研究と結びついた経験的理論の特殊部門、あるいはもっぱら歴史それ自体を経済学(Nö)的研究の正当な目的として承認する一面性」(27)とは闘ってきた。評者は経験的研究における一面的な歴史主義を否定してきた。その主唱者の活動を、経験主義の支持者ですらこのハンドブックへの寄稿のなかで拒否しているが、これは心から満足すべきことである。

決定的な相違点は、評者の、純粋経済学、ヨリ正確には理論的経済学(VWL)の一連の基本的問題を考察する場合には経験主義は不完全だという見解、純粋経済学には独自の正当性があるという見解にある。理論経済学(Nö)が、経験的理論の認識目標、つまり経済的現象の本質と関連における外的規則性の確立の追求と並んで、それとは別の一連の課題を追求することに正当性があることが理解されていない。純粋理論の課題が理解されていない。ここが対立点である。

「近代の自然諸科学が今日の発展をとげたのは、それが自然現象の諸関連の中に外的な規則性を確定することに自己を限定――現象の『経験的法則』の確定に限定――したからではなく、この重要な課題の追求と並んで、自然現象の**内的**規則性を研究し、複雑な諸現象を我々に対して一つの『内的法則性のあやなすもの』として理解させようと努力したからなのである。現象の**内的**関連とその厳密な法則との確定の追求が自然科学を今日の偉大さにまでもたらした」(27–8, ゲシュペルトを太字で表記、以下同様)。

理論的研究の厳密な方向は決して自然研究だけに特有のものではない。それは現象世界のあらゆる領域における理論的研究に共通の方向である。経済の領域でもそれを排除せず、経済的現象の特性に対応したその理論的研究の特性こそがわれわれの方法論的努力の目標たりうるのである。これは決して自然研究の無批判な転用ではない。

理論的研究の経験的方向がその認識目標とその方法に応じてわれわれに提供するものとは、経済諸現象の経験的現象諸形態と経験的法則である。だが現実の現象は、実際には一部は非経済的な現象であろう。経済諸現象間の外的規則性は一部は少なからず非経済性の現象である。「現実の価格、現実の地代、資本利子、現実の所得諸現象は厳格な経済性の成果ではなく、経済的要因と非経済的要因(誤謬、意志薄弱、利他的傾向など)の成果である」(29)。

精密な理論研究は、人間の経済の合理的現象形態、その合理的目的関連とその法則——経済性の現象形態およびその法則——を追求する。これによって追求されるのは、経験的理論の目標とは根本的に異なった認識目標である。それは決して幻などではなく、経済的現象の特性に適合した理論的研究の厳密な方向の認識目標なのである。そしてその認識は、現実の経済の理解にとって極めて大きな意義をもつ。それは、一部はまさしく非合理的な現実の経済現象とその(決して厳格ではなくむしろ変動している)諸関係とに対して経済性の観点から判断を下すための尺度公準と規則である。「厳密な経済学的理論のいう現象形態と法則が、現実の経済の現象形態や法則とぴったり一致しないではないか、というなら、それは正しい。じつに当然のことだ。つまり厳密経済学はこの運命をすべての厳密科学と共有する」(30)。

最後にメンガーは研究状況について興味深い見方を示す。彼らドイツの歴史的エコノミストは「理論経済学の領域における厳密な研究の正当化をたしかに原理的に否定してはいる。ところが彼らの体系的叙述は、その研究の成果に満ちあふれている。厳密な経済学……の領域における独立した研究が多くのドイツの同僚によって忌避される。独立の研究の代わりにこの点では折衷主義が現れている」(30)。要するに純粋経済学の原理的否定とは、単に研究上の沈黙にすぎない。だがそれは研究上の空白を意味し、折衷主義の不十分さが認識されればこの空白の有害さも自覚されるだろう、というのである。

「そうなればまた、ベーム、ワルラス、ヴィーザー、ピールソン、マーシャル、シジウィック、ゴッセン、ジェヴォンズ等といった、厳密経済学の仕上げ人たちの著しい献身的努力が世に認められ、純粋理論の改革を目指した真摯な研究が受けるにふさわしい注目が寄せられるようなときがやってこよう」(31)。

このようなドイツの経済学の今日の状態を長所と欠陥の両面で他のなによりも反映しているのがこ

のハンドブックである、と記して書評は終わる。

以上の紹介の中でメンガーのポリティッシェ・エコノミーという用語に注目しても、第一節でみたトライブの定式化との異同はあまり定かではない。基本的には重なっているとみてよいのではないか。彼の場合、この概念の外延をめぐって議論することよりも、理論形成の固有な意義を主張することこそが重要だったから、上記の詮索の意味は薄いかもしれない。ただし彼にとって重要だった課題を述べるときの用語法からは若干の特質もうかがえる。このことと、本節に関連して気づいたことを併せて最後に記す。

(1) メンガーの語法について

メンガーの語法では、Volkswirtschaft が「国民経済」を指すと見てよい場合もあるが、「経済現象一般」を意味する用法もみられる。それに応じて Volkswirtschaftslehre も単に経済学と表示できるような用例がある。したがって politische Oekonomie（経済）という現象世界を扱う学としての経済科学（Wirtscaftswissenschaft）が一般的上位概念にあって、その下で、財政を除いた国民経済論と市場の論理としてのエコノミクスを包摂する用語として Volkswirtschaftslehre と Nationalökonomie があまり意識されずに両方用いられている。固有の理論を表現したいときは「理論的」の形容詞を経済学（VWL および Nö）に付している。

(2) Polizei について

メンガーも言及したようにハンドブック第2版には治安警察（Sicherheitspolizei）が加わったが、一九世紀末にはすでにポリツァイが「警察」の意味で用いられるようになっていたことがうかがえる。もはや国家による行政（施策）や政策という意味は失われている。

ちなみにフランスの古い例がA・スミス『法学講義』（一七六二年）の初回に紹介されている。ダルジャンソン氏がパリ警察の高官に就任したとき（一六七七年）、前任者に言われたことは、国王が要求するのは、一、清潔（neteté）、二、安寧ないし安全（aisance）、三、物価の安さ（財貨の充分な供給 bon marché）、についての配慮である、ということだったそうである。[19] そこではまだ複合的な意味をもっていたが、それでもみな「市民警察」的領域を指している。二の火災や事故・犯罪から住民を守る機能が今日的「警察」に特化してゆくことが想像できる。これに対して一九世紀末の『ハンドブック』では「行政学」の部に治安警察が置かれた。

(3) メンガーの批判した、ドイツ経済学者の経済学の「一般部門と特殊部門とへの区分」の理解について

シュモラーは『国家学事典』で一般国民経済学と特殊国民経済学の対比を行っている。「一般」のほうは抽象的・理論的な仕方で価値・所得の問題に課題を限定するにつれて閉鎖的な形をとるようになる。「これとは逆に、特殊国民経済学は歴史的であり、実践的・行政法的である。それは、西ヨーロッパあるいは個別国家の最近の国民経済的発展を時代順に、または国民経済の主要部門ごとに説明

する。それは、具体的なもの、個別的なものから出発し、原因と制度の詳細を議論する。それは、初学者にたいしてあらゆる個別の問題を方法的に研究することを可能にする」[20]。

いささか恣意的な引用をしたのは、このシュモラーの学問的叙述には、その表現の裏面にあるもう一つの状況の解釈も可能ではないか、と想像させるものがあるからである。それは、一八六〇年代に始まった歴史的―統計的研究がひろまり、歴史（経済史・行政史）研究の隆盛のなかで学生間の競争と研究水準の上昇がおこり、ここで育った優秀な若手が特殊国民経済学の研究（例えば行政史の論文）で「哲学博士」の学位を得て、哲学部の「国家経済学」や「国民経済学」の教授ポストに就く、という事情の正当性が説かれている、と読めるからである。二〇世紀初頭のドイツの「二つの経済学」の争いは、大学教授職をめぐる競争でもあった[21]。

五　社会経済学要綱（GdS）――資本主義論へ

GdSは二〇世紀に入ってからのものであり、本稿の対象をはずれるが、上述したことのなかから幾つかのポイントを選び、ヴェーバー解釈に重ねる形で結びとして記したいことがある。

シェーンベルク版の後継を企画したジーベック社主は、ヴェーバーへの書簡（一九一二年四月二〇日付け）で、新版のタイトルについて、出版社としては経済学ハンドブック（Handbuch der politischen Ökonomie）が一番魅力的だが、財政学が入らないのでこの名称が使えるだろうか、と懸念を示した。[22]第一節にみた観念は、シュモラーが国家学事典で記したことにも示されるように、二〇世紀に入っても生きていたのである。ヴェーバーたちの一九一〇年段階での計画が知られているが【資料4】）、社主の恐れたように、旧シェーンベルク版の第一部のみがカバーされる形であった。

それだけではない。最大の変化は、現代経済を「資本主義」の語でとらえ、[23]経済と近代国家の関わりを柱にした構成となった。細かく見れば、産業別の項目が用意されており、企画段階でもシェーンベルク版のどこまでをカバーしているかということには意が用いられた。それだけに、理論の部でオーストリア学派のヴィーザーの寄稿が得られる見通しがたったときのヴェーバーの歓びは大きかった。ここに「国民経済学」からの離脱が刻されることとなった。ただ、オーストリア学派の理論を頭に置くことで、シュモラー的「歴史学派」の経済理論を市場経済の一般理論に代えることになったかというと、そうではない。「第一部　経済と経済学」には「歴史―経験的理論」も置かれた。一九一四年発行の第一分冊の巻頭はビューヒャー執筆の「経済的発展段階」である。つまり、メンガーが認めた二つの認識方向の両方を取り入れていた。[23a]

ビューヒャー（Karl Bücher, 1847–1930）は、一八九〇年に、経営制度（Betriebssystem）の形態として、家内労働（Hausfleiss, 工業的自家生産）、手工業（工業的顧客生産）、問屋制度（分散した工業的商品生産）、工場（集中した工業的商品生産）の段階的発展図式を提示するなど、[24]経験的現象形態の理論的整理能力には定評があり、企画ものにはぜひ獲得したい大物であった。事実、ヴェーバーはＧｄＳ企画ではビューヒャーとの交渉にずいぶん神経をつかっていた。

ＧｄＳ第一分冊（一九一四年）にはヴェーバーの序文が掲載された。有名な表現を含むその書き出しを以下に引用する。

「この叢書では、他では扱われるのが一般的な問題圏のうち、さしあたり一、財政論、二、救貧制度論が入っていない。いずれも今日では全く独立した学科の対象をなしているからである。そうした諸学によって扱われる諸現象が社会経済（Sozialwirtschaft）の形成に関わっている限りにおいて、そうした諸関連は（本叢書の第二ないし第五篇で）個別的叙述の対象とされている。同様に私経済学（Privatwirtschaftslehre, PWL）の基礎は、それが社会経済的諸関連の理解に必要と思われる限りにおいて、扱われている。他面では、多くの個別的叙述（第一および第三篇）において、技術および社会的諸秩序に対する経済の諸関係が、通例なされるよりもたっぷりと扱われている。しかもこのことは意図的になされている。つまり、そうすることによって、そうした諸領域が経済に対して有する自律性（Autonomie）もまた明瞭に現われるのである。これは、経済の発展が何よりも生の一般的合理化（allgemeine Rationalisierung des Lebens）の特殊な一部分現象として把握されねばならぬ、という見解に発したことである」（GdS 1. Abt., S. VII）。

見られるように、シェーンベルク版のころから時代が大きく変貌したことが示される。一九世紀末から始まったビジネスマン育成の教育機関設立の動きの中で、経済学のうち生産論などを取り込んで企業実務に資する私経済学（PWL）が国民経済学（VWL）から分立した。これにシュマーレンバッハの活躍も加わり、商科大学などでは商業活動の知識を体系化した経営経済学（Betriebswirtschaftslehre, BWL）の名称が一九二〇年代初めまでには定着した。[25]このことだけでも、経済現象に関する学がポリティカル・エコノミーの専有物でなくなっていたことが分かる。

だがここではやはり「合理化」に注目せねばなるまい。ヴィーンのメンガーが一八七〇年代から、それをうけてドイツではディーツェルをはじめとする研究者が、強調していたことは、経済性の原理を、そしてそれのみを基準にした行為の説明が「理論」として必要なのであり、それを公準として現実の現象を経済性の面から評価する、という手法であった。この要請にヴェーバーは、ヴィーザーの寄稿を得るという形で応えることができた。市場（流通）経済では、経済活動が、経済性を徹底追求する営利を原則とした企業に担われる。そこでは貨幣計算による形式合理性が貫徹し、経済の発展は合理化の進行として見られる。

だが欲求充足を目的とする行為は、必然的に「営利」となるわけではない。一九二〇年には書かれていた『経済と社会』の経済社会学章に頻出する「家計」の語に注目しよう。経済性以外の要素を含んだ「家計」の場では実物計算も用いられ、形式合理性のみが働くわけではない。ヴェーバーは「家計」と「営利経営」の区別を非常に重視している。もちろん前者でも経済性の原則は考慮されるが、その意味は「営利」の場合とは異なってくるのである。
ちなみにヴェーバーによる家計の定義を見ておこう。

「財をつぎのような目的、すなわち、(1)自分自身の生計、あるいは、(2)自分自身で使用する他の財の入手、のために継続的に使用し調達することを、家計と呼ぶ」(富永訳「経済行為の社会学的基礎範疇」、『ヴェーバー』中央公論社、一九九八年、三三三頁)。

この概念は、「ドイツ歴史学派」による経済史研究の成果を象徴するものである。これが研究史上重要な概念であることは確かであり、むしろ常識として認知されているほどである。だが、ここではそうした客観的な意味で言うのではない。ヴェーバーがGdSの担当章において、歴史学派が嫌っていた「理論のドグマ/個人主義/利己主義」等の表現で含意されるものの対抗像を示すこの語を、叙述の中心部分で活用したという意味において、象徴的と受け取りたい、ということである。先に触れたビューヒャーの経営体制論のように、継起的な経験的現象形態の整理は、経験的な「理論」とよばれ、メンガーもその意義を承認していた。ただしヴェーバーは、その概念を歴史過程からいわば切り離し、現象の論理的場合分け(カズイスティーク)の用具として用いた。しかも論理構成に不可欠のものとなっている。

こうした経済性原則をはみ出る行為をも明確な位置づけをもって扱う領域として、ヴェーバーは

「経済社会学（Wirtschaftssoziologie）」の語を採った。(26) そのあり方は、シュモラーがかつて夢見た総合的な社会科学の一般理論といった形ではなく、宗教や支配、法の社会学が出されたように、相互にその成果を前提しあう専門個別領域の一つとしてであった。

注

（1）*Handbuch der Politischen Oekonomie*, Hrsg. v. Gustav Schönberg, Tübingen: Laupp 1882. 2 Bde.

（2）田村信一・原田哲史編著『ドイツ経済思想史』八千代出版、二〇〇九年。

（3）Keith Tribe, *Governing Economy. The Reformation of German Economic Discourse 1750–1840*, Cambrigde: Cambrigde University Press 1988.

（4）*Grundsätze der National-Oekonomie oder National-Wirtschaftslehre* (Halle, 1805). トライブは第1項～第9項をそれぞれ要約し、第一〇項は全文を示している。

（5）Julius Kautz, *Die Geschichtliche Entwickelung der National-Oekonomik und ihrer Literatur*, Wien: Carl Gerold's Sohn 1860.

（6）「ロッシャー言うところの」とは、カウツはここでロッシャーからの私信を利用しているからである。

（7）その例として二点挙げておく。一、彼はヤーコプにも以下のようなコメントを記している。ヤーコプは『原理』の著者で、「とりわけその方法的形式と体系的叙述により、長らく（とくにオーストリア、ハンガリーでも）公私にわたる研究にとっての導きの糸として高く評価された。またヤーコプはスミス的方向の支持者として登場し、経済学を、社会的諸制度と法律の影響下にある国民的富の性質と原因の教説（Lehre）と定義した」（S. 623-4）。二、一八五〇年代には「歴史学派」なる呼称が流布していたことを記している。S. 654: 'die s. g. historische Schule der National-Oekonomen', in S. 687.

（8）Kautz, *Die National-Oekonomik als Wissenschaft*, Wien: Carl Gerold's Sohn 1858, S. IX.

（9）第一巻、第二巻の目次はWagner版の復刻本（SS. XIII–XIV）より。

（10）大河内一男『独逸社会政策思想史（上巻）』青林書院新社、一九六八年（初出一九三六年）、一四五～五一頁。Neue Deutsche Biographie, Deutsche Biographie Onlinefassung; Eric Grimmer-Solem, *The Rise of Historical Economics and Social Reform in Germany 1864–1894*, Oxford: Clarendon Press 2003, p. 65. オッペンハイムの批判は、もう少し大きな流れの中に位置づけられるべきものである。大河内一男、前掲書、一七九頁。田村信一『グスタフ・シュモラー研究』御茶の水書房、一九九三年、一〇～一二頁。

（11）Gustav Schmoller, in *Jahrbuch für Gesetzgebung, Verwaltung und Volkswirtschaft im Deutschen Reich*, 6-4, 1882, SS. 249-56. カッコ内にページ数を記す。

（12）田村、一〇～一二頁。Grimmer-Solem, p. 65.

（13）このシュモラーの批判は研究史上に名高いもので、以前より取りあげられてきた。Dieter Lindenlaub, *Richtungskämpfe im Verein für Sozialpolitik*, Wiesbaden: Steiner 1967, S. 129; Heino H. Nau, *Eine "Wissenschaft vom Nebschen"*, Berlin: Duncker & Humblot 1997, S. 89; Grimmer-Solem, pp. 92–3; Shiro Takebayashi, *Die Entstehung der Kapitalismustheorie in der Gründungsphase der deutschen Soziologie*, Berlin: Duncker & Humblot 2003, S. 331. 田村、三七～八頁。

(14) リューメリンの人口論は、第三版になってレクシス「消費」論の次、農業論の前に移された。いわば一般理論編末尾に配された形となる。

(15) Lindenlaub, SS. 124-5. ブレンターノの言い分は、ブレンターノ『わが生涯とドイツの社会改革――一八四四～一九三一』（石坂・加来・太田訳、ミネルヴァ書房、二〇〇七年）一三四頁にある。〔追記　拙稿「二つの『工業労働者問題』項目」『立教経済学研究』第六五巻第三号、二〇一二年、を参照のこと〕

(15a) 追記。本書の一六六～七頁の記述を参照していただきたい。

(16) シュモラーを制度学派の文脈で論じるのも、この側面が注目されるからである。シュンペーターのシュモラー理解は、塩野谷祐一『シュンペーター的思考』東京大学出版会、一九九五年、二四五～八頁を参照。

(17) Carl Menger, Handbuch der PokitischenOekonomie, 1887. テキストは Menger, *Gesammelte Werke* Bd. 8 (Hrsg. v. Hayek, Tübingen 1970) に再録のものを利用した。以下、再録された抜刷りのページ1～31の数字を用いる。

(18) 冊数もページ数も増えた。ちなみに1～4版の目次・索引を除く本文のページ数は、初版二巻本計一八八二ページ、第2版三巻本計二七五六ページ、第3版三巻本計三一一四ページ、第4版三巻五分冊計三六三六ページ。ただし以上は最終ページの数字の計であり、各分冊で後の版組終了後に前の項でページが増えた場合は＊マークを付して追加したため、実際のページはもう少し多くなる。

(19) Adam Smith, *Lectures on Jurisprudence*, Oxford: Clarendon 1978, p. 5 (Decr. 24. 1762) ちなみに職位は Lieutenant-

Général とされる。

（20）シュモラー『国民経済、国民経済学および方法』田村信一訳、日本経済評論社、一七〜一八頁。

（21）キース・トライブ『経済秩序のストラテジー』（小林・手塚・枡田訳、ミネルヴァ書房、一九九八年）九二頁の記述から示唆を受けている。

（22）小林純『ヴェーバー経済社会学への接近』日本経済評論社、二〇一〇年、一〇五〜六頁。

（23）出版社社主ジーベックもこの変更を極めて重視していた。Wolfgang Schluchter, Entstehungsgeschichte, in *Max Weber Gesamtausgabe* II/24, Tübingen: Mohr 2009, S. 3.

（23a）第一部第一分冊には、ビューヒャー「経済的発展段階」、シュンペーター「理論史・方法史の諸画期」、ヴィーザー「社会経済の理論」の三本が収められた。

（24）Carl Bücher, Hausfleiss und Hausindustrie, in *Das Handels-Museum*, Nr. 31-33, esp. Nr. 33 (14. 08. 1890), S. 569.

（25）トライブ『経済秩序のストラテジー』一三二頁。

（26）以前、拙い形で触れておいた。小林純『マックス・ヴェーバーの政治と経済』白桃書房、一九九〇年、III。

【あとがき】

『小林昇経済学史著作集』から、今回、「リストと経済学における歴史主義」（第Ⅶ巻所収）と「『ポリティカル・エコノミー』の射程」（一九七八年、第Ⅺ巻所収）を挙げる。

前者からは、経済学史における歴史意識とはなにか、ということを考えさせられた。小林昇氏は、いわゆる歴史学派には点が辛く、ヴェーバーを高く評価する。いわば深い歴史意識が思考（Denkweise）のベースになって、なんらかの働きをするということが求められているのだろうか。だが、その働きの結果の表出の場ということも考えなくてはならない。リストの場合、政策的展望のところにそれを見ることができる。だがヴェーバーの場合はおよそ異なっており、宗教社会学的研究にそれが認められている。どうも決まった次元での表出は求められていないようである。ならば理論観や政策観でなどと限る必要はなさそうだ。

後者からは経済学の「原罪」性ということを考えさせられた。氏はドイツを対象とする研究者に厳しい注文を出している。Volk, national に込められうる含意を見過ごすな、という。ただしヴェーバーはこれにこだわることなく、現実科学としての社会科学（Sozialwissenschaft）を自己の旗印として採った。そこで私は、ヴェーバーにあっては氏の問題意識が融解させられたのではなく、いわば普遍史的な問題として消化されているのではないか、と考えてみた。

以上が今回の問題意識の一端である。うまく表現できていないことは承知している。拙著『ヴェーバー経済社会学への接近』で扱った「目的―価値」合理性の拮抗作用（折原浩氏の表現）は行為レベルの語であるが、経済分析のタームとしての「家計と営利」二分法も、理論装置の根幹にあって普遍史的利用に耐えるものではないか。以上、言い訳である。

【資料1】

Rau, Lehrbuch der politischen Oekonomie 目次（生前最終版）

第Ⅰ巻　国民経済論の原理　Grundsätze der Volkswirtschaftslehre, 8. Aufl., 1868–9.

全体系への序

国民経済論　Volkswirtschaftslehre

1. Buch.　国民的富の本質

2. Buch.　富の諸部分の形成

3. Buch.　富の分配（交換における価格、所得の諸部門）（以上、第1分冊。以下、第2分冊）

3. Buch.（つづき）3. の結語―財の流通

4. Buch.　消費

5. Buch.　生産的産業 die hervorbringenden Gewerbe

第Ⅱ巻　経済政策の原理　Grundsätze der Volkswirtschaftspolitik, 5. Aufl., 1862–3.

序
1. Buch. 直接的生産活動ないし素材加工の振興
1. Abschnitt. 生産諸条件一般の配慮
1. Abtheilung. 労働一般の配慮
2. Abtheilung. 資本一般の配慮
3. Abtheilung. 企業
2. Abschbitt. 素材加工の個々の階級への施策
1. Abtheilung. 鉱山への施策
2. Abtheilung. 農業への施策（以上、第1分冊。以下、第2分冊）
3. Abtheilung. 工業への施策 Pflege der Gewerke
2. Buch. 財生産の分業の振興 Beförderung der Vertheilung des Gütererzeugnisses
1. Abschnitt. 交換流通活動の振興 Beförderung des Tauschverkehrs
1. Abtheilung. 交換流通活動のための規則一般
2. Abtheilung. 商業政策 Handelspflege
2. Abschnitt. 信用組織
3. Abschnitt. 国家権力の価格への関与
4. Abschnitt. 救貧制度

1. Abtheilung.　貧困の一般的考察
2. Abtheilung.　貧困の予防
3. Abtheilung.　貧困の退治
3. Buch.　財消費にかかわる諸規則

第三巻　財政学の原理　Grundsätze der Finanzwissenschaft, 5. Aufl., 1864-5.

序
1. Buch.　国家支出
2. Buch.　国家収入
1. Abschnitt.　政府の事業収入　Privaterwerb der Regierung
2. Abschnitt.　高権による収入　Einkünfte aus Hoheitsrechten
3. Abschnitt.　手数料収入
4. Abschnitt.　租税一般（以上、第1分冊。以下、第2分冊）
4. Abschnitt.（続き）租税の個別的種類
3. Buch.　国家の収入と支出の関係
4. Buch.　財政制度の外的組織

【資料2】

Schönberg編　Handbuch der Politischen Oekonomie, 2 Bde, 1882.（第1版）

第Ⅰ巻　第1部　国民経済論　Volkswirtschaftslehre

01. 国民経済　Volkswirtschaft	G. Schönberg
02. 経済学（pO）の歴史	H. v. Scheel
03. 社会主義と共産主義	H. v. Scheel
04. 国民経済論の基礎概念	Fr. Neumann
05. 経済的生産一般	Fr. Kleinwächter
06. 価格形成	Fr. Neumann
07. 貨幣・鋳貨制度	E. Nasse
08. 信用と銀行制度	A. Wagner
09. 輸送・交通制度	E. Sax
10. 度量衡	L. Jolly
11. 国民経済的分配	Th. Mithoff
12. 国民経済的消費	W. Lexis
13. 農業　第1部	Th. Frhr. von der Goltz

14. 農業　第2部　狭義の農業政策、農業立法	A. Meitzen
15. 林業	J. A. R. Helferich
16. 漁業	B. Benecke
17. 鉱業	R. Klostermann
18. 工業　第1部	G. Schönberg
19. 工業　第2部　工業労働者問題	L. Brentano
20. 工業　第3部　工業的所有権保護、とくに特許・商標など	R. Klostermann
21. 商業	W. Lexis
22. 保険	A. Wagner
23. 労働サービス　Persönliche Dienstleistungen	G. Schönberg u. L. Jolly
24. 人口論　Bevölkerungslehre	G. Rümelin

第二巻　第2部　財政学　Finanzwissenschaft

01. 本質、課題、歴史	F. H. Geffcken
02. 国家の支出	F. H. Geffcken
03. 国家の営業収入	H. v. Scheel
04. 手数料	K. Fr. Schall
05. 一般租税論	J. A. R. Helferich

06. 特殊租税論　第１部　いわゆる直接税　A. Wagner

07. 特殊租税論　第２部　消費税　K. Fr. Schall

08. 特殊租税論　第３部　関税、戻し税　K. V. Rircke

09. 特殊租税論　第４部　流通税、相続税　K. Fr. Schall

10. 財政と公信用の秩序　A. Wagner

第3部　行政学　Verwaltungslehre

01. 統計　G. Rümelin

02. 国内行政の官僚組織　G. Meyer

03. 保健衛生と保健行政　L. Jolly

04. 狩猟行政　L. Jolly

05. 貧困者扶助と救貧行政　Armenpflege und Armenpolizei　E. Löning

06. 道徳行政　Sittlichkeitspolizei　E. Löning

（項目番号はローマ数字をアラビックに変えた）

【資料3】

Roscher, Grundriss zur Vorlesungen über die Staatswirtschaft nach geschichtlicher Methode, 1843.

序論

第1編　一般論

第1章　財の生産

第2章　財の分配

第3章　財の消費

第2編　国民経済

第1章　原生産

農業

第2章　工業

第3章　商業

第4章　人口

第3編　国家財政

第1章　ドメエネン及び諸特権

第2章　租税

第3章　特別国家収入
第4章　国家支出
第4編　学説史
（ロッシャー『歴史的方法に拠る国家経済学講義要綱』山田雄三訳、一九四一年、の目次より）

【資料4】

GdS一九一〇年プラン（MWG I/24, SS. 145–54.）

第1部　経済と経済学
第2部　近代資本主義経済の独自な要素
第3部　個々の営利領域と国内経済政策
第4部　近代国家の対外経済および対外的経済・社会政策
第5部　資本主義の社会的諸関係と近代国家の国内社会政策

III　ワルター・ロッツの通商政策観

一　はじめに

本橋の課題は、世紀転換期ドイツの通商政策に対するW・ロッツ[1]の見解を提示して、自由貿易派の見解の一典型を得ることにある。

当該期の政策展開は、周知のごとく、一八七九年ビスマルク保護関税導入に始まる農工連帯保護体制の定置、九〇年代のカプリヴィの新航路政策、それに対する反動としての結集政策と一九〇二年の高率保護関税体制再建、と要約される[2]。この展開に対してロッツは一貫して自由貿易的立場から発言した。彼は、シュルツェ＝ゲーファニッツやマックス・ヴェーバーらの自由思想連合につらなる対抗結集[3]の陣営に立ち、またブレンターノの弟子として工業立国楽観論者とみなされている[4]。したがって彼の見解の整理は、保護関税反対論の一実例を得ることによって工業国論争の一方の立場の典型を与えるとともに、政策思想史上とくに問題性を孕むヴェーバーやシュルツェ＝ゲーファニッツらの特質理解のための座標軸を設定することにもなるであろう。

ここでは彼の工業保護関税に関する議論が中心となるが、その通商政策観のうちには、当時のドイツの産業構造と独占化傾向の反映がみられること、また自己の政策的立場の正当化のために援用されるA・スミスとF・リストの当時の利用のされ方がうかがえること、ドイツの国際的立場の認識が示されていること、もまた前述の課題遂行とともに注目される点である。

二 「ドイツ通商政策の将来」

ロッツは一八九二年に公刊した『ドイツ通商政策の理念 一八六〇〜一八八一年[5]』の終章を「ドイツ通商政策の将来」と題して、いままさに展開されんとしている「新航路」の通商政策のあるべき姿を論ずるなかで、それまでの保護関税政策への批判と、政策変更のさいに考慮すべき国民経済的諸問題の検討を行っている。以下、これを要約的に紹介する。

合衆国のマッキンレー法保護関税政策に対するヨーロッパの反応は、欧州通商条約網再整備として現れ、フランスを脇に追ったドイツ・オーストリア＝ハンガリーの主導権がいま見られている。この重大な政策転換の時点でどう現実をみるべきか。ロッツは、「フリードリヒ・リストがクフシュタインの墓石のもとに再び現れて、今日の通商政策的状況を見渡したと想像せよ。彼はドイツ国民に向かって何を言うであろうか」と記して、リストの口吻を借りてドイツ国民経済の現状認識を述べる。ここにはロッツのリストの利用の仕方が示されるわけだが、またどう読まれていたか、も示されており、興味深いものがある。

かつての保護関税論者リストは、新ドイツ帝国の市民たる我々に、今日こう説くであろう。――

彼が教示せんとしたのは、一、自由貿易か保護関税かは絶対的解法ではなく、一国民の発展段階が問題であること、二、ドイツの将来的責務を国際経済のうちに見なければならぬこと、であった。一国の経済は進歩するのが通例であり、通商政策の歴史も繰り返すものではない。彼はかつて農工の利害連帯を強調したが、当時は地主たちに対して最良の穀物購買者がイギリスではなく自国の工業人口であることを確信させんがためであった。それは、農業国ドイツが保護関税によって工業国へと育ってゆくことが重要だった限りにおいて正しかったのである。だが将来的課題が工業国になることにあったのは言うまでもなく、国内で準備された工業力は世界市場への供給をめぐってイギリスと競争すべきことが責務であった。

したがって、一八七九年の政策を、一八一八年関税法や四〇年代の保護策を引きあいに出して弁護することは、およそ歴史の発展を見ないものである。七九年関税は、帝国建設期のブームをひとつの原因とする供給力過剰となったドイツの工業に対する恐慌の作用を和らげることが目的であった。つまり工業の発展段階がおよそ異なる時代の方策を引証するのは不当である。人々は、リストが四〇年前に示した理念、「ドイツの将来は輸出工業国となること」を、いまだ我がものとしておらず、農業国と工業国の間で発展方向を手さぐりしていた――ちょうど一八一五年以降のイギリスが似たような危機の中でなしたごとく――。そうであったればこそ、ドイツの通商政策の決定には工業利害がではなくて、農工連帯の下で農業が主導権を持ちえたのであろう。実際、ドイツは東部の大土地所有者が自由貿易に関心をもった限りにおいて自由貿易的であり、彼らが保護関税に関心をもった限りで保護関税的となった。しかしいまやドイツは、工業人口が農業人口を上回ったというにとどまらず、その政治的文化的未来を輸出大工業に負う段階に入っている。東部地主の利害に将来の決定を委ねるのは、今日ではアナクロニズムである。

「農民が貨幣を手にすれば、全世界を手にする」の時代は終わった。ドイツの力の将来的支柱は工業労働者であり、その消費力に工業・農業の繁栄がかかっている。この間の農業保護策にもかかわらず、ドイツの小麦消費量の五分の一近く、小麦、ライ麦、スペルト小麦の全消費量の七分の一までが輸入でまかなわれている。関税による高価格にしてこうであるから、輸入自由化なら全需要の五ないし六分の一までは輸入でまかなわれよう。穀物関税によって自給が実現されよう、という七九年の弁護論は誤りであることが証明された。人口は農業生産力より急速に成長した。封鎖的商業国 geschlossener Handelsstaat の途を追求したところで、穀物輸入は不可欠であり、したがってまた工業製品輸出も必須である。

フランスのごとき二子制度の停滞的人口の国なら、通商政策上の孤立化は可能かもしれぬが、ドイツはそうではない。しかもドイツの輸出品目はフランスのような奢侈品・モード品、つまり生産費の増加がただちには輸出力を減退させない商品と違い、大衆消費財、つまり生産費の若干の上昇すら世界市場での競争力を鈍らせる商品である。従って「輸出工業国たれ」の命題を是認するなら、関税改革は、相対的には控え目な工業保護関税に対してではなく、農業関税（少なくとも木材・穀物関税）に対してなされるべきである。

恐らくリストは今日のドイツに対して以上のように述べるであろう。彼の観点を正当とするなら、そこから三つの問題が生じてくる。――こう記してロッツは、この段階でドイツが通商政策論議との関連で考えておくべき事情を以下三点に要約して自説を主張する。

第一。ドイツは農業関税を見返りなしに自律的に放棄ないし緩和すべきか。それともそれを通商条約締結交渉に利用すべきか。我が国の最重要事は、固定関税率という形での輸出の保証を獲得することであり、そのために穀物関税引き下げを手段としない手はない。ドイツは長期的には穀物輸出国と共通利害をもつのであり、この農業的後背諸国との国際的連帯をうち建てることが肝要である。たしかにドイツは近隣諸国が保護関税策で工業発展を遂げるのを妨げえない。が、特産品への特化により国際分業の進路は開かれよう。

現在、穀物輸出国オーストリア＝ハンガリーとワイン輸出国イタリアが我が国との条約締結を望んでいるが、この好機を失うべきでない。高率農業関税でこの我が国工業の有力な購買者を永遠に失ってはならぬ。農業輸出利害をもつハンガリー、イタリア、ルーマニア、ブルガリア、セルビアに対してドイツ市場を与えることで、我が国の消費者利害、つまりはドイツの主要な生産者利害の声に応じ、合理的な分業関係の維持をはかるべきである。

我が国の重要な販路であるロシアと合衆国は、我が国への最大の穀物供給者でもあるが、両国の最近の封鎖傾向は、その緩和が不可能でないにせよ、あてにすべきものではない。とくに合衆国は汎米構想により南米市場からも我々を放逐せんとしている。これに対して保護貿易的中欧関税同盟構想が説かれている。一八四九年オーストリアのブルックの主張した計画の再現は全く無理だとも言えぬところがあるが、対外的封鎖の方向性は次の二点で無理である。まず我が国の食糧事情の問題。小麦よりライ麦を多く消費するドイツへの最大のライ麦供給者ロシアの最近の対独禁輸は近い将来に廃止されよう。またドイツが対露穀物輸入関税緩和をやらずとも――ドイツに有利な為替相場もあずかって――ライ麦は入ってこよう。ライ麦から小麦への消費の移行は双方の価格比変化もあり徐々に進行しているとはいえ、急激にゆくものではない。つまり強硬な対露封鎖は賢明ではない。もしもロシアが頑固に対応するならオーストリア＝ハンガリー産穀物をロシア産より優遇する策が可能である。

次に、我が国にとってはイギリス・オランダ市場が必要だ、という事情がある。両植民地保有国は我が工業力発展に不可欠な市場をなしており、とくにイギリスへの輸出は年六〇〇万マルクを超える。イギリスが我が国の英植民地への販売の仲介者であることは重要であって、購買力ある植民地をもたぬドイツとしては、いまのところ沈静化したかにみえる「グレート・ブリテン構想」をへたに促進させるような挙に出るべきではない。

要約すると、低い固定関税率による中欧通商政策を展開すべきであるが、中欧として対外的には禁輸的措置をとらぬこと。その際にドイツが追求すべきは、農業関税や家畜検疫協定での譲歩に対する見返りとして、諸外国における工業関税の譲歩の獲得、これである。

第二。ドイツにおける農業関税の緩和・廃止は、農業の放棄を意味するか。否である。コンラート（ハレ）やゼッテガスト（ベルリーン）ら有識者もそう明言しており、逆に七九年関税がドイツ農業の発展・経営転換を妨げてきた、と見ている。関税率引き下げの前にアンケート調査を行い、どれだけの農業経営が実際に関税から利益を得ているかを確定すべきである。それは、小農民を穀物関税アジテーションに巻き込むやり方がいかにペテンであったかを示すであろう。税負担にあえぎ自家消費をまかなえぬ穀作小経営数や関税撤廃で崩壊せざるをえぬ農民数を全ドイツ的にまず確認すべきである。諸特権に守られた大世襲財産所有者や、穀作より今や火酒醸造・砂糖生産の農業関連工業に強い利害をもつものたちは、事態の変化に耐えうるだろうし、国民の批判の前に特権の放棄となろうとも充分やってゆけるほど豊かである。最後に中位の土地所有、すなわちプロイセン東部の騎士領とニーダーバイエルンの大農というドイツの二大穀倉にとっては困難な事態が生ずるであろう。またワイン関税の引き下げは、ラインの農民層のかなりの部分に厳しいものとなろう。

とりわけ、高価格で土地を購入し、地価の半分以上もの債務をもつ土地所有者＝経営者（従ってニーダーバイエルンより東部に多い）は苦しくなろう。彼らは八七年の穀物関税再引き上げを最も精力的に弁護したのだが、さて政治的にみて、まずもって過剰負債を抱える雇用者の立場を主眼において一国の通商政策が遂行されるべきであろうか。これまでの慢性的農業不況は、世界市場の高穀価が続かなければ尖鋭的危機に転化するだろうし、国内では個々の農業経営者の交替も不可避である。そこで問題は、そのときどきの土地所有者＝経営者の利害から出発するだけでなく、労働者＝被雇用者の観点から通商政策を考察せねばならぬということである。労働者のためにこそ、「国民的労働の保護」が正当化さるべきなのである。

かつて東部の中規模騎士領における自己経営が、資本家的経営の最初の姿態として技術進歩の担い手の役割を果たしたことは、クナップが述べたとおりである。しかし賦役労働の終わった今日、資本家的大経営の存在を正当化するものは、「資本」と「資本家的精神」である。過剰負債を抱えた土地所有者は資本家的経営能力をもたぬ。充分な賃銀も払えず、景気変動のリスクに耐ええない。彼らは国家に援助を求めざるをえず、自らを債権者の管財人にすぎぬものとなす。彼らには、債務条件の許す限りで所有地を分割するか、あるいは自己経営を小作制にかえることで少額資本しか持たぬ人にも合理的な資本家的経営の可能性を与えるか、の選択が残されている。

過重な債務を負わずに市況に適応しうる大土地所有者や販売むけ穀作農家は、穀物関税廃止のときには救済措置の保証を正当に要求してよい。まず、食肉価格の高騰がない限りにおいて、役畜・食肉関税の適度な保持により牧畜を促進することが望ましい。食肉関税を穀物・木材関税と一括し同様に下げるというのは疑問である。家畜検疫協定を輸入禁止のために作動させるのでは不充分であり、ある程度の食肉関税の維持が必要である(6)。

次に、純農村地帯での地代低下が続く場合には、農民に負担となっている直接税の改革が必要である。すでにザクセンでは農業の負担軽減策がとられた。プロイセンでもミケルの所得税改革による増収分から、土地税の自治体への部分的移譲や、高い不動産譲渡手数料の引き下げによって土地所有者の負担軽減策がなされることは疑いない(7)。バイエルンでは改革にはより大きな困難が生じよう。

主要な税負担を、不利な条件で生産する諸階級にではなく、もっぱら興隆しつつある産業部門にのみ課すべきだ、とは言えまい。ただ、我が国の関税体系が輸出工業に有利に転換するというときには、やはり工業企業家・労働者が自らへの負担を引きうける、というのが正当なところであろう。

第三。農業関税廃止の結果、食糧安価による低賃銀が期待されるべきか。ドイツの競争力は低賃銀を基盤とすべきか。

それは、低賃銀が現実に低生産費となる限りで正しい。だがその見解が妥当した一八六二年の自由貿易への移行期とは事情が異なっている。シスモンディや新しくはブレンターノ、ヘルクナーらがこの問題を論じているが、ドイツよりも高い実質賃銀の国々が世界市場で我が国を脅かす競争者となっている。

貨幣賃銀が下がらずに、関税緩和・廃止による穀物・パン価格低下が生じれば、労働者は繊維製品や食肉にヨリ多く支出できるようになる。これは我が国の農業に有利となり、ここにドイツ農業は将来の展望を求めるべきである。住民大衆の消費、ことに工業労働者の購買力にこそ、輸出工業の最も健全な基礎が存在する。例えばザクセンの靴下織物工業地域の労働者の貧しい生活状態は、国内需要拡大の可能性には無限の余地が残されていることを示している。

同じことはドイツの通商相手国についてもいえる。ハンガリーやルーマニアから穀物を、イタリアからワインを輸入することでその国におけるドイツ工業製品への購買力を高めることができる。だから売るためには買わねばならない。イギリスとはいたるところで競合しようが、いまや英独間で、またドイツと大陸諸国間で様々な特産品指向の分化が深まりつつある。英独分業の進んだ羊毛製品を中心に繊維工業でもドイツは九〇〇万マルクの輸出額をあげている。製鉄でも含燐鉱利用を可能とするトーマス法の浸透があり、内陸運河の積極的利用ができればさらに繁栄が見込まれよう。加えて電気・化学工業では、ドイツは将来、かつて英国の綿工業が占めた地位を世界市場で占めることも可能である。

さて、リストはドイツの偉大さは工業に基礎づけられると正当に述べたが、彼はそれを労働者問題と関連させてはいなかった。当時は工業企業家と土地所有者を社会的に同等化することこそが問題だったからである。文化的繁栄は経済的に基礎づけられてこそ持続するのであり、政治的にもこの認識のもとに行動せねばならぬことはリストの主張どおりである。だが経済的繁栄が政治権力の基礎であるように、経済体制の原則的変更は必ずや国内政治の展開に再作用し、労働制度にも影響を及ぼさざるをえない。

一八九二年のこの時点でドイツには次の選択肢がある。一、農業利害が政策転換により工業保護関税に反対する態度決定へと追い込まれた場合、工業家は保護関税維持のために新たな同盟者を求めることとなろう。企業家と労働者の同盟が形成されるか否かは、ひとつには企業家側に、他方ではドイツの労働運動に、かかっている。二、農業関税撤廃ではなくその緩和に脅かされている農業利害と工業とのカルテル維持。この結合はいまの権益を防禦するために、より左派の分子をも新たに取り込まねばならない。三、徹底した自由貿易派が勝利をしめる場合、この三つである。

だがいずれにせよ、工業輸出を促進する新通商条約が労働者問題の領域にもたらす帰結だけは認識しておくべきであろう。つまり、労働制度を厳しい景気の変動に適応させることが不可避となる、ということである。景気後退期には雇用削減と賃銀引き下げは避けられぬが、好況期には誠実に労働者へその代償を充分に与えるようになっていなければ、社会主義的急進主義の脅威が急増するであろう。近い将来、新政府の下でもっと自由な労働者の団結権がもたらされる可能性は高い。それで社会平和がただちに実現されることはなかろう。しかし、労働運動においては、これまでの遠大な理想よりも個々の産業の具体的利害問題が主導的役割を果たすことになろうし、家父長的労働者政策の体質も変化してゆくことであろう。

経済的社会的利害がいかに重要であろうと、至上権はドイツ帝国存立問題にある。帝国の権力開花・防衛、西欧文化護持のために犠牲を払う用意のあるもののみが、自己の利害関心を政治的に主張する権利をもつ。この前提の下で、ドイツ民族の政治的成熟が政治状況、経済・社会政策に影響を及ぼすのである。工業輸出と食糧安価とに利害関心をもつ多数派が祖国のために犠牲を払う準備がなければ、政治手腕のヨリ優れた特権的少数派に通商・社会政策の舵とりを奪われ、それに奉仕することになったとて、嘆くべきではない。

三 「学問と特殊利害」

本節では、農業者同盟を中心とする保護関税キャンペインの優位のうちに迎えたカプリヴィ通商条約群失効の年、一九〇二年の一月にロッツがベルリーンで行なった講演を紹介する。(8)彼は、前節でのリストへの言及に対してここではスミスを挙げつつ、経済学における特殊利害と全体利害の関係から説き始め、ドイツの工業保護関税と工業の現状を検討して、学者としてなしうる要求を最後に掲げる。

ロッツは講演の課題をこう設定する。

私的利害が大きな役割を果たす経済生活を学問的に考察するものは、たえず特殊利害と学問が矛盾するということを見逃してはならぬ。A・スミスの理論さえスミスの死後、彼が見ていたのとは違った状況下でようやく実現された。植民地政策に見られた短期的階級エゴイズムへの彼の批判は、合衆国独立で部分的実現はみたものの、一九世紀に入っても維持された。自由貿易は、コブデンやブライトがスミスの理論を立法の基礎にすべきだと国民に浸透させたときにようやく実現した。スミス自身、強力な特殊利害を抑える計画が世の権力者に妨げられることを正しく認識していたのである。しかし、特殊利害に抗して国民的全体利害を貫徹させることに大きな望みがないときに、我々は理論的証明とその成果の開陳を断念すべきなのか。政治家が強力な利害関係者との妥協のなかで打ち出すものを弁明・聖化することに自己限定すべきか。そうではない。ことの正誤の区別をつける可能性はある。学問的成果を階級利害に抗して主張すべき学問的義務が存在する。

彼は経済学的考察の帰結を呈示すべき正当性ありとしたあと、まずスミスの政策的命題に今日の立場から検討を加える。

はじめに彼は、貿易差額説に対するスミスの批判をあげ、これを正しいとする。まず個別的貿易収支の逆調が無害であることは今日にもあてはまる。次に、全般的貿易収支の逆調も心配ない、という説は、貿易赤字が金の流出を帰結する場合には補足が必要である。とはいえ商品輸入による貧困化など健全な通貨の国には余分な心配だというスミスの主張は、今日にも妥当する。後者、機械的数量説・貨幣量自動的調節作用論は、スミスよりもヒュームに明瞭である。[9] まず貿易収支逆調それ自体は無害である。しかし今日では、運送料・資本移動・利子支払い等の貿易外収支が一国の国際収支を複雑にしている。諸国間の貴金属流通の調整は、銀行・取引所制度により、ロンドン・パリ・ベルリーン・ニューヨーク間の資本移動、ついで有価証券の譲渡を介してなされる。中央銀行の割引政策がこれに作用する。商品市場の価格引き下げによる貴金属ストック保持策は、金現送国の最後の手段としてのみ作動すべきものである。紙幣経済における貿易・国際収支の諸条件や調整の方法は、ヒュームやスミスの時代よりはるかに複雑なものとなっている。[10]

つづいてロッツはスミスの関税論にふれる。関税であれ輸出奨励金であれ特定の利益の優遇策はみな、それなしで行なわれるはずの資本と労働の最適配分を歪めるがゆえに、余剰生産を減少させ、しかも優遇策にあずからぬ産業部門の犠牲のうえでのみ可能であるから好ましくない、というスミスの論は正当である。さらにはスミスの次の議論、すなわち、国内である特定商品が内国税を課されている場合にはその商品の輸入に調整関税を課するのが理に適っていること、ときにありうる国防的観点からの保護関税が正当なこと、これもときにありうる早期に関税平和を導くための報復関税の合目的性、等も我々の学問的財産となっている。

だが他面、今日の研究成果からみて、スミスが豊かな学識にもかかわらず当時どの点で誤っていたか、また現代の諸現象からすると彼の議論が通商政策の面でいかなる補充修正をうけねばならぬか、を明らかにする必要がある。ただ、ここではその問題を考慮したうえで三点についてのみ言及する。――ロッツの関心の所在を象徴する主張は以下のごとくであった。

第一。スミスは、のちに正当にも克服された賃銀基金説から出発し、一国内の資本がある時点では一定と仮定することによって、育成保護関税の意義すら否定した。関税保護をうけた産業が徐々に低生産費を実現することにより生産力を高めるとはいえ、それは保護なき場合に他部門でやはり効率よく用いられたはずの資本がそこに回されたにすぎず、一国全体では全く余剰生産増大がない、というのである。しかし――当時でも正当に批判されえたのだが――資本の国際移動という近代的現象を見ている我々は、これを支持しえない。ある後進国で工業育成の保護関税策が採られると、富裕国に蓄積された資本がただちに進出してゆく。イギリスやベルギーの資本は、自国の工業と競争すべき工業の育成にむけて、一八四〇～七〇年の時期に大胆にドイツへと流入した。スミスによれば資本不足のゆえに一九世紀に工業創出の可能性の薄かったハンガリー、ロシア、ルーマニアなどが、自国内工業創出にむけて優遇策により西・中欧の企業家を誘致した。またリストは、スミスが、国民に対して安価に財貨を供給すべき工業が国家介入を通じてヨリすみやかに発展できる場合にすら育成関税の意義を認めなかった、と正しく批判した。ただし、育成関税策が一般化しすぎて大量の温室育ちが作られてしまった。これはリストらも望まなかったであろうが、よく見られた帰結ではあった。

資本移動に関してはさらに注目すべき現象が生じている。自由貿易国から保護関税国へと資本及び労働力が流出したにとどまらなかった。象徴的事例でいうと、一九〇〇年のパリ万博会場で次のような例を多く挙げることができた。ある国の資本家集団が、複数の国の展示場で、当該国の国民的外観の下にその地での関税保護をうけた企業家として出品している、というのである。彼らはうま味のある利益を引き出している。つまりドイツの資本家ならば、ベルギーで操業を開始し、それによって惹起される過重な競争に抗すべき保護関税をドイツで獲得したり、同じ手口によりロシアでドイツ企業に対抗する保護を獲得し、ついにはいたるところで国民的国家権力が祖国のために行う努力を利用しつつ、より高い価格での購買を強いる、というやり方である。

今日のドイツに即して言えば、商品輸出ならぬ企業の流出を優遇することは、大資本家の収入増加を意味するのが通例である。それが労働者流出を伴うならば、彼らの祖国との紐帯を断つことを意味し、そうでない時は、進出先、例えばハンガリーならハンガリー人労働者の雇用増加、したがってドイツ人労働者の雇用の減少を意味する。つまりは、「国民的労働の保護」のスローガンの下になされることは、一、食糧・原料・半製品関税を通して国内の生産条件と貧困層の購買力を低下させ、二、輸出能力を脅かし、三、外国に対して保護なしでは存立能力なき工業の保護を実践する例を与える、ということに帰結する。

総括すると、近代の資本移動を知る我々が、スミスの育成関税反対論を修正しうるのは、全体の観点からして長期的には保護なしでも存立しうる工業の育成が問題となる限りでのみ、となる。通常は、保護政策により当該国自身が損失を被ることになるのであって、ときに他の国々にも共に損害を与えるではないかというのは慰めにはならない。

第二。スミスが当時のイギリスで支配的な穀物通商政策体系（輸入関税と輸出奨励金）に加えた批判は、彼の通商政策議論の最も弱い点であった。同時代のイギリスについては彼よりもアンダソンがはるかに正しく論じている。(11) しかし、その後穀物保護策が安価な食糧調達を意味しなくなった段階に到り、奨励金なしで高い生産力をもち、主たる税負担者となった工業輸出を担う大工業者が、農業関税による食料高価格に自己の存立上の困難をみた時点で、農業保護策の廃棄は必然事となった。結局、奨励金なしでは存立しえぬ特殊利害への奨励金付与策等が、自然の生存能力をもち、保護なしで競争力をもつ産業部門の発展の妨げとなるなら、それは大衆のためにならぬ、というスミスの大原則の結論は正当なのである。私見では、農業者同盟などの運動に対し全体利害の観点を最初から採らずにいたことは、一八九四年以来のドイツの重大な誤ちである。

第三。一九世紀末以来の展開は、国内の法的制約撤廃後に、自由競争が無条件の支配原理とはならず、旧来の通商政策理論も修正が必要となるような局面を示している。現在、カルテル形成や外国のトラストへの対抗関税の賛否論議が盛んとなっているが、まず諸事実の確認がされるべきである。だがそれ以前に、今日ではスミスの時代に想定された保護策、つまり関税や奨励金にとどまらず、交通政策、ことに国有鉄道の運賃率や運河・国際航路政策、検疫・衛生政策が保護機能を発揮しており、多様な政策手段が考慮されねばならぬ。

さて、ロッツは後段でドイツ工業の現状について述べる。

ドイツの輸出工業には二つのタイプがある。第一のものは織布業、玩具・ざる工業、機械工業など、強い競争力を備えた経営に担われ、国内・国外市場でほぼ同じ価格で販売しえ、したがってできるだけ自由な通商政策を指向しうるものである。第二のものは、カルテル化した工業、とくに公私の輸出優遇策を得て輸出するタイプである。前者を自然的輸出、後者を奨励金つき輸出と呼ぶことができる。

奨励金つき輸出工業には三種類あるが、確認すべきは、その大部分が保護関税や奨励金なしでも世界市場で充分競争力をもっており、決して時代おくれの設備で操業しているのではない工業だ、ということである。

第一グループは、関税保護とカルテルによるその徹底利用とにより、国内では世界市場価格より高く販売しえ、同時に租税収入から輸出プレミアムをうけている工業である。砂糖・精糖業がその代表例をなす。

第二グループは、租税収入から直接に輸出プレミアムをうけてはいないが、関税・鉄道運賃率政策のおかげでドイツ人消費者の負担のもとに奨励金つき輸出を促進できる立場にあるシンジケート化された工業である。鉱山・製鉄業シンジケートが代表的である。すでに多くの企業家団体が形成されており、いまでは単なる価格協定を超え、共同販売組織をもって国内市場を統制するに到っている。そして好況期の生産拡張制限、不況期の生産制限を通して、国内市場でつねに若干品不足の状態を保とうとする。国内価格は世界市場価格に運賃と関税を上乗せしたレベルに維持される。この策の成功度は銑鉄生産や鉄道軌条生産では高く棒鉄では低いという具合に、製品の加工度が高いほど国内高価格維持は一般に困難である。彼らは国内の高価格販売で一般的生産費分をカバーし、低価格の輸出で超過生産の特別費分をカバーしようとする。カルテル工業の低価格輸出が可能なのは、国内消費者が余分に払うからで、また国家や地方自治体の高価購入は結局ドイツ人租税負担者がその分を支払っているのである。

第三グループは、私的奨励金つき輸出である。ドイツの加工業部門は、コークスシンジケートによって燃料費を高くされ、銑鉄も世界市場価格に上乗せ分が加わるため、製品に対する高率保護関税による国内での有利な条件付与を享受できるとは言い難い。加えてこの部門は原料部門より輸出指向が強いので国際競争力も削がれてしまう。その対策として案出されたものをフォーゲルシュタイン（ミュンヘン）の挙げる例で示しておこう。[12] ドイツ圧延針金工業は生産のほぼ半分を輸出する。まず銑鉄部門の生産者団体は世界市場価格より高値で中間財生産者団体へ販売し、次に彼らも同様の高値で圧延針金生産者に売る。そうしてドイツ製針金が輸出できるように、石炭・銑鉄・半製品の生産者団体は、それぞれトン当り五マルクずつ針金生産者の購入量の最大五割まで輸出用戻し金を払う。つまり私的輸出奨励金である。針金生産者は、このトン当り一五マルクの奨励金を付された部分については、燃料・原料・半製品に関する自由貿易と同じ条件で輸出を遂行しうる。だが企業によっては輸出比が戻し金対象分より大きいし、ときには原料シンジケートが奨励金支払いをためらうこともある。かくして針金工業はまたしても関税保護に頼って高価格によりドイツ人消費者から補償を得ざるをえなくなる。この高価格の針金を買う針金くぎ製造業者も、自己の輸出力維持のために、また私的奨励金獲得へと歩を進めざるをえない。

この事態への対応としては、加工業種の企業が直接に炭鉱や高炉を備えて奨励金体制の軛から自己を解放できないか、という議論があろう。しかし例えば縫針工場の鉄需要が高炉を保持するほど大きくはないし、機械工業にしてもそのリスクを負担しうるかは疑問である。ただし装甲板、軌条、梁・桁鉄生産等の場合には可能であり、弱者の保護と銘うたれた保護関税策の下に様々な巨大結合企業経営にむかう傾向が促進されている。

この脱出路をもたぬ輸出指向加工業に残された道は、一、輸出奨励金の獲得に努力し、カルテル・保護政策に参加するか、二、共同購入組織と共同工場をもうけ、燃料・原料組織の統制から自由に世界市場価格での供給を得るか、三、保護関税引き下げ・撤廃及び輸入価格を高くする鉄道運賃率政策反対のための宣伝活動に乗り出すか、である。だが彼らは、いわゆる家父長的社会政策と転覆法案への共感を通じ原料供給者に結びつけられたり、後者の強大な組織を前に弱者として恐怖心を抱いたりして、結局は自己の利益・権利主張の放棄を償うには少なすぎると知りつつ一の道を進んで奨励金をうけとるのである。ルールの造船業は、安いドイツ産鉄原料をつかうオランダと競争できぬという矛盾が生じたため、関税率上の配慮を勝ちえた。だがこんな例はまれで、カルテルや関税策の諸弊害は知られていても、反対の声はあまり大きくならない。

さて、新関税率案の厚い理由書では、ここに挙げたような個々の業種でのカルテル化の進行具合や、世界市場と国内市場での価格差、両市場での価格変動、私的輸出奨励金については全く触れられていない。租税負担者たるドイツ国民が保護関税によって公的支出のさいに食いものにされていることについても一言もない。また、製鉄部門は競合諸国よりもコストがかかるので現行銑鉄関税の維持を必要とする、とも言われる。しかし関税を下げてもドイツの鉄部門が無援状態にはならない、という識者の指摘はある。ここではその判断は保留にしておこう。

だが、現在の結集政策に特徴的な次の事実を想起しておくことも必要である。すなわち、一八七九年の鉄関税が危機の関税としてのみ正当化されていたのに対し、今では永続的方策として弁明されており、しかもそのことが今回の改定の理由書では全く言及されていない、ということである。全体の立場からみて好況期には価格押し上げ作用のある保護関税は恒常的制度として正当化されうるであろうか。相手国との通商条約交渉の中で銑鉄関税が引き下げられる、ということもありうる。

代議士たちが新関税率をめぐる投票の前に明確にしておくべき問題について、若干述べておく。関税が加工部門や輸出利害の強い国内各層に与える影響についての論議を、その問題を外国に知らしめるようなことは非国民的だとして封じてよいことにはならない。ここには重要な社会的・祖国的利害の関係する諸現象が問題となっているのであるから。

現在、新関税率の反対派や、穀物関税は望むが鉄・石炭シンジケートは好まぬ多くの農業者の側から、カルテル化された産業への保護関税を止めよ、そうすれば奨励金つきの人為的な輸出やカルテル支配も止むであろう、という声が聞かれる。急進派には、すべてのカルテル産業の国有化という声もある。政治状況からして、そうした要求の早期実現は無理である。農業者が自己のために保護を必要とする限り、彼らはカルテル工業との同盟を必須とする。それが自身と祖国とにいかに高くつこうとも。我々は学問的改革提案を急ぐ前に、その根拠と作用を明確にせねばならぬ。

また既存の関税撤廃を主張するのは容易だが、実現の時宜を得ねば悲惨な事態が生ずることもある。銑鉄生産は、内陸水路改良と鉄道運賃率改定によって、関税引き下げに耐えうるであろう。だが両方の手段がともに進行せねばならない。また合衆国の鉄トラストや他の奨励金つきの輸出国のときにありうるダンピング輸出に対して、鉄関税は原則として下げるが、対抗的調整関税という手を保留すべきではないかということは考慮に値いする。

提案の前に二つの先決問題がある。第一はいま触れた運賃率と関税の関係である。前者に手つかずのときに個々の関税率を下げることは意味があるのか。というのも製鉄部門の保護要求の原因の一つに石炭・コークスシンジケート政策がある。このシンジケートは関税率の変更で直接的影響をうけない。彼らに対する保護は運賃率にある。したがってその変更なくして関税を引き下げると、むしろ悪しき作用が生じよう。改革実現のためには、個別的措置の正しい順序での着手が必要である。

第二。カルテル政策によって生ずる諸現象は、保護廃止でそもそも変化・健全化が望めるものなのか。まず、人々がカルテルへの反感、抑制立法要求を口に出しており、それも不当ではないが、複雑な現実の正しい考察もなく投票による立法に頼ることには、取引所法の悪しき先例もある。ここでカルテルそれ自体の有用性・害悪の問題には触れえない。ただ、国内での原料・半製品の高値維持政策や奨励金つき輸出が、カルテル仲間の特殊利害からみれば有益であっても、全体の立場からみて同様に有益か否か、は興味なしとしない。自然成長的輸出の利害と奨励金つき輸出の利害は鋭く対立する。後者のやり方は長期的には全般的外国貿易の健全な基礎を与えない。それは一少数派が庇護される限りでのみ、そこで収益性があるにすぎぬ。全輸出工業が、鉄・石炭カルテルのごとくに振舞いえて、みな国内で高く、外国で安く売ることになれば、その体系は不合理なものであろう。ドイツの商品の名目価格が世界一となっても、誰にも益はない。誰一人として販売者のみという存在ではないのだから。そして全員が原料シンジケートをまねできぬがゆえに、彼らは同胞の犠牲のうえに利益を享受しているのである。

カルテル形成自体の問題には多様な意見があろう。が、はっきりしているのは、ある商品につき世界市場でなお競争が存在する限り、国内高値維持を可能とするカルテルの支配力は、関税と運賃率の引き下げによって最も効果的に削減される、ということだ。今でもシンジケートは、その支配地域に比して、競争のある地域には安く販売している。少なくとも国際的カルテルが世界市場の競争を排除せぬ限り、関税・運賃率の引き下げは、独占的支配圏の縮小と競争的販路の拡大を意味する。

現在、新関税に対して人々が注目する最大の理由は農業関税にある。そこには大きな危険が隠されている。しかし農業関税は、凶作と価格上昇の起きた際には、不可避的な国民運動によって取り除かれるであろうから、その生命は長くないはずである。関税推進の帝国議会多数派とそれに従順な政府が農民に対して与える約束が大きいだけに、実際に得るものがあまりに小さいので農民は幻滅を免れえない。つまり農業関税は時とともに反対運動を惹起せざるをえぬ代物である。

工業の関税保護について言えば、カルテル工業の今日的保護の状態が意味するのは、帝国と経済秩序の将来にとって人々が想像するよりはるかにゆゆしきものである。いまカルテルは不況の下で危機の状態にある。製鉄業者は炭鉱・コークス工場を持たぬ限り、好況期にコークスシンジケートが設定した価格に苦しんでいる。鉄加工部門も銑鉄高価格で悩まされている。事情通は、いまや原料・半製品カルテルに悩まされている完成品生産者が自己の存立を保証しうる組織を見出しうるかが問題だ、とすら言明する。解決策としては、一般関税率・運賃率引き下げと共に原料生産への保護を縮小すること、さもなければ、既存の保護策保持なら、原料・半製品生産者が行う諸原則を一般化すること、これ以外にはない。新関税では、鉄関税に正当にも反対している機械製造業者が、完全な自由貿易下でも競争力をもつであろうにもかかわらず、機械工業への関税率配慮で宥められている。

最後に、最近のカルテル運動のうちにあるさらに注目すべき兆候を示しておく。シンジケート自体は、通商政策と関係なしに、少数の強大な資本家が生産機会を統制できれば、また特許の利用などにより、容易に発展しうる。だが特許保護になじまず、消費者大衆の好みに需要が左右される流行に敏感な織物商品などの場合には、カルテル様式の支配は著しく困難である。カルテル権力は一般に重工業の軽工業に対する一大利点である。

完成品工業側の対抗策は前述のとおりだが、現在までに、彼ら自身の団体形成、原料・半製品シンジケートとの協定によるアウトサイダーのボイコットという展開がみられる。そこでは規格や特許になじまぬ、任意に増産可能な商品における競争すら人為的に排除される。新工業関税がこうした帰結の吟味ぬきで受容されるなら、ドイツは経済団体の形成を加速し、今なら避けうる領域にすらそれを押し進めることになろう。無制限の権力は濫用・誤用を生みかねない。燃料シンジケートが石炭採掘制限を通じて国内の企業・労働者の一定量を失業状態におく力をもつのであれば、誤りも生じうる。そして世界市場での自由競争から遮断されると、価格決定権はシンジケートの手に留まる。その帰結は、価格決定が政治的闘争の対象となる、ということだ。そこから不可避的に生ずる国家監督、国家干渉は、石炭・鉄の価格や賃銀水準が選挙戦での政党のスローガンとなる時代を招来することになるであろう。

新関税率を支持する保護関税論者もおそらくは望まないであろうこのような究極的帰結を提示することは、学者としての義務だと考えられる。個別の諸利害関係者が新関税率を望んでいるということ自体がその正当な理由づけにはならない。検討さるべきは、保護政策によってカルテルの価格政策を強化するならば、カルテルという国家内国家の形成が徐々に進むという脅威が存在するのではないか、ということだ。特殊利害に抗する全体利害の最も控え目な要求はこうである。保護体制が企業家団体に与える作用についての公的なアンケート調査を行うべし。一度として結果報告のなされない政府官庁の調査はその代替物にならない。提出された理由書を受け容れる前に事態の明晰な把握が必要である。早計さは免れたい。

四　自由貿易派の展望について

二、三節にみたロッツの見解を要約すると、いまやドイツは、ヨリ自由な通商政策により健全な国内市場を基礎とする輸出工業の促進に向かうのか、それともカルテル化と保護策により全面的経済統制体系に向かうのか、の岐路にあった。前者を支持するロッツはその場合、ドイツは中東欧農業国を後背地にもつ先進工業国としてイギリスと世界で対抗すべきもの、と想定している。人口稠密な古い文明国の利点は、厚い熟練労働者層・専門的技術・低利子率を必要とする部門、とくに完成品製造部門にあり、それは市場の需要変化や技術変化への適応をつねに要求される活力ある自由な経済部門であるがゆえに、自由貿易を指向する。シンジケートやカルテルはいたるところでみられるが、自由貿易国でのそれが生産費削減を追求するのに対して、ドイツでは保護策の下に可能な限りの高価格を追求している。これではドイツの唯一の利点である安価な完成品生産がそこなわれ、自由な経済の担い手が独占の犠牲となってしまうであろう(13)。こうした展望の下に保護関税を批判するロッツは、まさしく自由貿易派の一典型であった。

だが同じ保護関税批判の陣営に立つとはいえ、シュルツェ＝ゲーファニッツやマックス・ヴェーバーには、世界認識と展望、経済政策観において若干異なる面も認められる。最後にその二、三の点に言及しておこう。

まず『イギリスの帝国主義と自由貿易』[14]にうかがえるシュルツェ＝ゲーファニッツの見解にふれておく。チェンバレン・キャンペインの敗北をイギリスの文明史上に位置づけ総括したものとも思われるこの書において彼は、英独比較の独についてはロッツをも引証しており、基本的なドイツ工業観の差異はみられない。しかし次の二点には止目すべきであろう。

まずシュルツェは、ドイツの工業力がいまやイギリスに比肩すべき段階となっていることは認めるものの、貿易統計の検討から、伝統的産業の鉄・繊維工業のいずれにおいても、イギリスが高品位の商品において優れていることを認め、その業種が強力な支柱となっている自由貿易の下での工業国間分業の展望をみている。[15]電気・化学工業でのドイツの優位と、高番手紡績や一部の機械工業でのイギリスの優位、およびそれらが自由貿易指向であることとの認識は、彼の政策的立場の強い論拠をなしている。

つぎに、シュルツェの帝国主義的世界権力指向の強さが挙げられる。工業でイギリスを凌駕した合衆国は広大な国内市場をもつ若い国民であり、即時的対外膨張はないであろう。資本家的精神の弛緩現象がみられるイギリスは、技術的進取の気性すら欠き、もはや勤労に基づく工業輸出立国からレントナー国家への途を歩み出している。カナダ・オーストラリア・南アフリカ・インドの個別的国民的利害の自立化傾向を確認し、かつ先進国の熱帯国開拓を正当とみるシュルツェは、この時代にあって英独がところを変える可能性をみ、またそれを望んでいる。[16]ロッツと同じ自由貿易の主張とはいえ、シュルツェはそれをヨリ広い世界政策的な眺望の下に行っているわけである。

そしてここには、帝国創設以来、自由貿易（「イギリス産業資本循環の一環」[17]）から対欧州通商条約網構想を経て、帝国主義的世界政策を展望しうるに到ったドイツ資本主義の発展をみることができよう。通商政策思想のレベルで世界が正面に掲げられる段階に到ったのである。

ヴェーバーについては次の点だけ挙げておこう。[18] 有名な就任講演「国民国家と経済政策」に示されるごとく彼は経済より権力政治的観点を上位におく。そこから彼は、ドイツ文化防衛の見地から正当化される東部国境地帯小農民植民の可能性を論じた。もちろん彼にも権力政策的発言はある。しかし彼の発言全体の背後には、エルベ河の東と西における産業構造的相違の認識かあり、これをふまえたうえでの東部農村の社会改革と内政改革とを介した近代的国民国家の実現が彼の議論の主導線をなす。その場合の国民は、諸身分層の調和的統一体ではなくて、経済的な意味での階級と把えるべき性格を濃くしたものとなっている。

ここから二点を指摘しておこう。

一、貨幣流通拡大の終点として国民経済を把える歴史学派は、帝国創設によって国民経済の実体を与えられたとみることによって、「国民」の実体を形成史的に検証することを課題と考えた。リスト「国民的生産力」論の提起した国境線の経済的意義、つまり産業の国民的編成の問題は、工業化悲観論に示されるごとく、ドイツの農工商段階到達という認識のもとに、一たびは解決ずみとなる。そのことから彼らは、第一に、東部農業の国民経済上の問題性把握に鋭さを欠き、第二に、自己の経済政策の正当性をリストを引証して主張した。第二の政策主体の質の吟味は、さきの「課題」遂行にすりかえられ、そのことが第一の問題に偏向を与える。プロイセン・ドイツの権力構造と官僚制の特質は、讃えられこそすれ批判はされない。あるいはロッツの如く、リスト「生産力」論を発展段階論的な意味で平板に解して利用する、というリストの用いられ方が他方にあった。このように読まれていたリストはヴェーバーにとって利用すべき価値はなかったであろう。彼は産業構造的「国民経済」把握を独自に試みねばならなかった[19]。

二、ヴェーバー世代の提起した「資本主義」論[20]は、身分国家的統治の学（官房学・国家学）の伝統に対して、階級対立の基礎の認識を与えた。経済の独自な法則的運動の認識は伝統的思考になじまない。そして資本主義国の経済的対立という世界経済認識が問題となる段階に到って、歴史学派の衰退は運命づけられた。

またヴェーバーは、資本主義の新たな現象といわれるカルテル・シンジケートを「経済の官僚化」とみて、古代のライトゥルギー国家とも比較しうる「類型」的現象として把握した[21]。こうしてヴェーバーによって、無謬な官僚制による「分配的正義」の実現とは全く違った意味で国家と経済の関係を把えるべき概念装置の開発を、ドイツの経済学は課題として提起されたのである[22]。

注

（1）Walter Lotz（一八六五〜一九四一年）。ライプツィヒでロッシャー、シュトラースブルクでブレンターノ、クナップの下に学ぶ。ブレンターノの助手などを経て一八九七年ミュンヘン大学正教授。

（2）これを概括したものとして最近では大野英二『現代ドイツ社会史研究序説』岩波書店、一九八二年、の「序章 ドイツ資本主義の類型と経済政策の展開」がある。

（3）大野英二『ドイツ資本主義論』未来社、一九六五年、の第三部第二章を参照。

（4）田村信一『ドイツ経済政策思想史研究』未来社、一九八五年、八〇〜一一一頁を参照。

（5）Lotz, *Die Ideen der deutschen Handelspolitik von 1860 bis 1891*（Schriften des Vereins für Socialpolitik Bd. 50）, Leipzig 1892. ロッツは本書の脱稿が同年二月一日のわずか前であることを記している（S. 193）。学会叢書のこの通商政策シリーズはブレンターノ発議とのこと。J. Sheehan, *The Career of Lujo Brentano*, Chicago 1966, pp. 125–6. ロッツの本書はドイツ通商政策史の古典として利用されてきた。七九年関税については、当時よりカルテル保護関税への機能変化が論じられていたことを指摘している（S. 177f.）。注（3）との関連では、自由主義派が労働者を獲得できなかったことを反省している（S. 153）。終章はSS. 192–210, 以下ページは省略する。

（6）畜産の展望については、田村、前掲書、一〇六〜七頁。ちなみにケーアは九〇年代に食肉生産が五〇パーセント上昇したと記している。Eckert Kehr, *Schlachtflottenbau und Parteipolitik 1894–1901*, Berlin 1901, S. 253.

（7）この財政改革の理解と評価は容易ではなく、藤本建夫『ドイツ財政の社会史』時潮社、一九八四年、の第四章が参照さるべきである。

（8）Lotz, *Sonderinteressen gegenüber der Wissenschaft einst und jetzt. Ein Beitrag zur Beurteilung der Wirkungen des Protektionssystemes auf die Industrie*（Vortrag gehalten in der Volkswirtschaftlichen Gesellschaft in Berlin am 6.

Januar 1902), Berlin 1902, 31S. 以下ページは省略。

（9）ロッツがこの語を用いているわけではない。彼は Hume'sche Auffassung von der automatischen Regelung der Handelsbilanz（S. 7）と記すにとどまる。

（10）ロッツは貨幣・銀行制度の有力な専門家であり、一八九四年にカプリヴィの諮問機関である銀価値安定化策検討委員会の委員となった。Art. Lotz, in *Handwörterbuch der Staats-Wissenschaften*, 3. Aufl., 6. Bd., Jena 1910. なおK・ボルヒァルト「通貨と経済」（ドイツ・ブンデスバンク編『ドイツの通貨と経済――一八七六～一九七五年（上）』呉・由良監訳、東洋経済新報社、一九八四年）参照。

（11）ロッツはここに師ブレンターノ編の James Anderson, *Drei Schriften über Korngesetze und Grundrente*, Leipzig 1893 を挙げている。スミス―アソダソン関係については、菊池壮蔵「アソダソン『考察』のスミス批判と『国富論』増訂問題」『商学論集』53－2、一九八四年、に詳しい。

（12）Theod. Vogelstein, *Die Industrie der Rheinprovinz 1888–1900. Ein Beitrag zur Frage der Handelspolitik und der Kartelle*, Stuttgart/Berlin 1902. この時点では未公刊。ロッツはこの例を The Effect of Protection on Some German Industries, in *The Economic Journal*, Dec. 1904, pp. 515–26 でも用いている。この論文で彼はカルテルを論ずるにあたり Kontradiktorische Verhandlungen über deutsche Kartelle を多用しているが、これを利用した最近の邦語文献には田野慶子「独占成立期ドイツの石炭商業」『社会経済史学』50－4、一九八四年、がある。

（13）Cf. Lotz, The Effect, p. 526.

（14）G. v. Schulze-Gaevernitz, *Britischer Imperialismus und englischer Freihandel zu Beginn des zwanzigsten Jahrhunderts*, Leipzig

1906. この書については、山之内靖「プロテスタンティズムの倫理と帝国主義の精神」岡田与好編『現代国家の歴史的源流』東京大学出版会、一九八二年、また神武庸四郎『イギリス金融史研究』御茶の水書房、一九七九年、第四編も参照のこと。

(15) Schulze-Gaevernitz, *a. a. O.*, SS. 282ff., 290ff.

(16) *Ibid.*, SS. 316ff., 403f., 477. 工業国論争で農工立国派から出された食糧調達の長期的展望に関してシュルツェは、カナダ・オーストラリアの広大さとその連邦内自立化をもって応じようとした、とみられないであろうか。

(17) 大河内一男『独逸社会政策思想史上巻』青林書院新社、一九六八年（初出一九三六年）、二八ページ。

(18) 小林純「マックス・ヴェーバーのドイツ第二帝政社会批判（一）（二）（三）」『立教経済学研究』34–1・2・3、一九八〇年（『マックス・ヴェーバーの政治と経済』白桃書房、一九九〇年、に所収）、参照。

(19)『マックス・ヴェーバー青年時代の手紙（下）』阿閉・佐藤訳、勁草書房、四二七ページ、「古代文化没落論」堀米庸三訳（『ウェーバーの思想』河出書房新社、一九六二年）等が手掛りとなる。

(20) Cf. Fritz K. Ringer, *The Decline of the German Mandarins. The German Academic Community 1890–1933*, Cambridge, Mass. 1969, pp. 143–62.

(21) M. Weber, Art. Agrargeschichte, in *HDSW* 3. Aufl., 1. Bd. 1909, S.182.「価格水準が選挙戦のスローガンとなる」事態（ロッツ）への危惧はヴェーバーにも共有された。ただヴェーバーは、それを近代資本主義の存立条件と官僚制の問題という具合に概念的に把えてつきつめようとした。

(22) 事実、独占化問題から戦時経済論、計画経済・社会化論争と、課題は実践的に提起されていった。田村信一「ドイツ十一月革命における計画経済の構想——O・ノイラートの『完全社会化』論」『社会経済史学』41－5、一九七六年。Dieter Krüger, *Nationalökonomen im wilhelminischen Deutschland*, Göttingen 1983.

Ⅳ　経済統合の系譜——ナウマン「中欧」論によせて

一　はじめに

国民的生産力の理論を説いたF・リストはまた、スラヴ＝ロシア、アングロ＝アメリカに抗するドイツ民族の広域経済圏（準帝国）をも説いた。この構想はリストの死後、彼の主観的意図とは離れてドイツ帝国の東方膨張計画、ナチスの生活圏という姿で歴史に現れる。第一次大戦期の「中欧」構想は実現せず、ナチス経済も軍事的崩壊とともに消滅した。だがそのことはリストの思考自体の妥当性をすべて否定することになるのだろうか。彼の名はドイツの経済政策思想の歴史の上に繰り返し登場する。

本稿では上記の「中欧」構想をとりあげて、世論喚起に大成功したF・ナウマンの『中欧』、及び独―墺経済接近に関する社会政策学会の議論を略述し、あわせてリストに由来する経済統合の一理論にも触れてみたい。

二　ナウマンの「中欧」論

ナウマンの中欧構想は、ドイツとオーストリア＝ハンガリーの結合を核とするもので、英仏と露の間の中欧諸民族の結合がこの中心二国の結合の成否にかかっている、という。以下、彼の主張の概略を紹介しよう(1)。

中欧の地理空間は、北海・バルト海からアルプス・アドリア海、ダンツィヒ・ドーナウ平原南部からヴォージュ山脈・ボーデン湖を想定しており、この地域が統一体、一個の防衛同盟、経済領域に編成さるべきである(2)。世界大戦によって小国の限界は明らかとなり、「大経営と超国家的組織の精神が時代を捉えた」。国家同盟と大国の時代には、ドイツもオーストリア＝ハンガリーも小さすぎて独自の政策や、まして戦争は遂行できぬ。それゆえ今日の中欧同盟は必然事である。中欧両国は、明確な戦争目的をもたずに対英仏・対露のドイツの戦争、バルカン・イタリア・南ロシアでのドーナウ戦争を防衛戦としてそれぞれ戦ってきた。だがここに来て両国にとってこの戦争が中欧の歴史的試練だという内面的理念が生じた。両国は一つの戦争を遂行している（SS. 1–11）。

ドイツは、自己の力を維持するために英仏露と組む可能性を歴史的にほとんど持たなかったのであり、一八七六年にビスマルクがオーストリア＝ハンガリーと協定したことが現在の中欧構想に向かう第一歩であった。彼は、当時誰よりも中欧を指向した人物である。普墺戦争の処理にそのことが示される。彼はハンガリー＝ガリツィア等を排除した非歴史的な純ドイツ民族的国家など望まず、東西間の中欧両大国の永続的結合可能性を追求した。なぜなら彼は、露と仏が脆弱な中間地帯を圧迫しようとする可能性を決して忘れず、それゆえオーストリアを無傷で維持するために手をつくしたのである。普仏戦争とドイツ帝国建設は小ドイツ主義の貫徹であったが、これによりハプスブルク帝国は西方との連携可能性を失い、帝国の後背地的性格を残していた南独諸邦も北ドイツ主導下に入ったため、オーストリア＝ハンガリーでの国家形成の他に道をもたなかった。そうして両側面からの同時攻撃に耐ええない同国は単独では世界に存続してゆけないこと、またドイツ帝国以外の本来的同朋が存在しないこと、これが歴史の教訓として確認されるべきである（SS. 50–8）。

両国には宗教・言語・気質の点で多様性がある。フランス人、ロシア人といった一般に知られている人間類型に並ぶ「中欧人」というのはいまだに存在しない。それは今後形成されるべきものであり、まだ修業期間にある。ドイツを中心に中欧の文化が成長し、フランス人、イタリア人、トルコ人、スカンディナヴィア人、イギリス人の中間に位置する人間類型が成長することとなる（S. 60）。

中欧は諸民族の錯綜した世界である。そしていつの日か中欧という上位国家と、中欧的な民族の寛容が成ったとしても、そのことは決して諸小民族の純粋な主権を意味することにはならぬ。痛ましいことだが、世界史がそう望むのだ。政治的小経営は依存を必要とする。中欧のいたるところ、民族的少数派については好意に満ちた思考法が必要とされているが、これこそ我が中欧国家連合の精神たらねばならない。またそれは、言語国境を越えた明確な自由主義たらねばならない（S. 90）。

ポーランド問題はきわめて重要だが、戦争中でもあり未結論点も多い。ポーランド人の多くはまずその主要部分の統一、そしてオーストリア内のハンガリー人のような自立を望んでいる。ただプロイセンとオーストリアの意向が制約条件をなす。確かなのは、まず中欧国家条約が先行しなくては新生ポーランドは想定不可能ということである。ポーランド人を含む諸民族の上位概念としての中欧を考えるときそれは核心においてドイツ的であり、おのずとドイツ語を仲介言語に使うだろうが、すべての参加諸隣接言語に対しては寛容と柔軟性を示さねばならない（SS. 100–1）。

中欧を経済的気質の面から考えてみよう。ゾンバルトの示すごとく第一期の企業家的資本家はイタリア・フランス・ロンドン・アムステルダムに成長し、今やロンドンを自己の世界の首都となしている。これに対し第二段階の資本主義は、規律あるドイツ資本主義だ。世界大戦の原因を根底まで追求すると、この相異なる資本家的人間の基本形態にまで到る。資本主義は第二段階の非人格的形態に移行しつつある。ドイツの資本主義はどの部門をみても組織能力に優れており、個我から全体我へ、旧型の個人企業から団体企業家への動きが示されている。ドイツは工業国家・組織国家への途上にある。労働組合も他でみられぬ団結と規律を示してきた。こうしたドイツの労働様式は戦争でさらに強化された。ドイツ人は戦後にようやく肉体と魂を備えた国家的経済市民となろう。その理想は恣意ではなく組織性（Organismus）、盲目の生存闘争ではなく理性である。これが我々の自由、自己発展なのである。イギリス資本主義がその盛りをすぎたとき、我々の時代が始まる。ドイツの経済的信条は将来ますます中欧的性格となるべきである。それと共に軍事的防衛同盟は、より内的な共同体へと上昇する。

制度上の境を超えて一個同質の経済民族が形成される。出発点は現に存在している。オーストリア＝ハンガリーの全民族の経済生活は圧倒的にドイツ的な基礎をもつ。そこではドイツ語を話すユダヤ人がしばしば仲介者であった。また、政治的社会的自由主義指向の強い南ドイツ人が今やドイツ経済組織体の一環となっているのも教訓に富む。彼らはドイツ＝オーストリア＝ハンガリーの境を超えた諸職業団体の交流に仲介者たる課題を担う（SS. 104–32）。

戦争は中欧にとって世界経済からの遮断であった。我々は英国の意志によって対外交通を切断され、フィヒテのいう「封鎖的商業国」を体験している。英国の隔離政策には中欧の備蓄が考慮されていなかった。隔離政策はいわば理論的国民経済であった。資料で資源需給等の机上予測を立てたのであるが、実際にはどの学者の予想をも超えた備蓄が国内にあった。また代替品が作り出された。隔離政策は我が工業の自立性を高めた。強いられた状況下で、我々は世界経済のなかに自分の足で立つことを学んでいる。これは我が将来の共同経済の序章である。我々の経済思想は、中欧一体となって自立に向けた備蓄と適応経済を指向している。戦争は国民経済の継続であった。ここに我々は「国民経済」なる語の意味を初めて真に学んだ。私経済と世界経済の間に国民経済がある、とはよく口にもしてきた。だが関税問題と社会政策立法を別にすれば国民経済それ自体の特殊性、国民経済思想の優位性はいまだ自覚されてこなかった。その独白な組織原理も明確には知られなかった。それは経済的国家維持のことである。国家は労働・経営組織の主体、指揮者となる前に、まず自己の存在をかけて闘わねばならなかった。個人主義やイギリス経済制度模倣の時代も、現存国家を大胆にとび超える国際主義の時代も終わった。我々は戦争体験をもとに、規制された経済を望む。国家的必要の観点からの生産の規制。その動きはイギリス等にも見られるが、我々の封鎖的国家で一番強く見られる。そしてこのことが民族的市民的経済観と社会主義的経済観の調停をなしてくれる。戦争のなかで超党派的統一利益が上位を占めた。我々は一つの民であり、敵の世界の前に、経済的監獄のなかで、国民経済を発見して学んだのである（SS. 135–43）。

四〇年ほど前から現れた社会主義には、理論的には国家社会主義、企業家社会主義、労働者社会主義の三種があった。どれも単独では時代の決定的形態とならなかったが、いずれにも組織化指向が満ちており、いつしか中間形態が登場した。混合経営、自治体株式会社、国家シンジケート、賃率協定企業、職員の官吏的性格などが現れている。これで社会問題が解決したとは言わないが、戦争がその端緒を成熟へと進めた（SS. 145–6）。

オーストリアとハンガリーの経済政策の共同性は、一八六七年基本法に対外通商政策の代表権について唱われてはいるが、共通の経済立法も、ドイツの帝国内務省のような官庁も、従って共同の戦時経済も存在しない。両国の顕著な対蹠性は食糧問題にある。オーストリアはドイツ同様に食糧輸入を必要とするが、ハンガリーは食糧余剰国であり、国法上独自の政策を遂行している。オーストリアは共同の戦争の中でハンガリーへの依存状態にある。一八六七年法では経済的に分離した二国の軍事共同体という発想であった。現在、ドイツとオーストリア＝ハンガリーの永続的防衛同盟は、双方での戦争備蓄の遂行を基礎としてのみ可能である。共同の備蓄は望ましいが、絶対必要というものではない。まずオーストリアとハンガリーが穀物備蓄で協定した後、ドイツの備蓄と協調することで可能性が生じよう。まずはオーストリアの国営穀物倉庫制度から始められるのではないか（SS. 157-9）。

地球合州国ができるまでの長い間、国民規模を超える人間集団が、人間の技能の指揮権と労働の成果とをめぐって争うであろう。そのような一集団として中欧は名乗り出る、しかも小さな、強力ではあるが乏しい集団として。その戦争には、英露間に独自の中欧的核が生き残れるか否かがかかっている。負ければ衛星民族となる運命だ。現在大きな組織としては大英、米、露があり、それより規模は劣るが中欧は第四の世界国家たりうる。我々に可能性のあるうちは、第一級の世界経済大国の列に参入しようという意志を持たねばならない。小民族には、どの集団に入るかの選択しかない。過酷な運命だが、それが「人類発展の定言命題」である。小国の厚生が大国より良いこともしばしばだが、市場の広さが経済的拡張と力の第一条件であることに変わりはない。ベルギーやデンマークといった小国は、独立を保ちつつ大英世界通商圏に参加しえたが、イギリスが扉を閉じれば彼らは避難所をどこかに求めなければならない。同じドイツ内でも、かつてザクセンはエルザス繊維工業に敵愾心を抱いていた。だが広い経済圏を経験した後に再び狭い範囲に戻りたい産業家はいない。中欧という世界経済領域が成立すれば、オーストリア人もハンガリー人も後戻りしないだろう。そこでは我々は共同の経済構想を作成し、すべて共同で計算する。その際、企業家、職員、労働者の全経済団体が協力する。それは我々の実践的な世界経済的社会主義となる（SS. 165-79）。

中欧の経済問題について、まず通商条約から議論を始めることには根拠と史的理由がある。軍事・

財政・交通等の統一は技術性が高くて多くの人に理解されない。関税交渉はいつも世論の対象であったし、議会、ジャーナリズムの関心を惹起した。本当に分かる人は少なかろうが、基本的思考は分かりやすく、統計資料も入手できる。歴史的にもドイツ・オーストリア＝ハンガリー関税同盟の発想は前世紀の遺産であり、先駆者にはリストやブルックがいる。ただ関税同盟一般の政治的作用は過大評価すべきでない。ドイツ関税同盟があったにもかかわらず一八六六年の軍事対立は避けられなかった。普仏関税条約も戦争を妨げなかった。ドイツの帝国同盟は、関税、通商問題を超えて軍事・法・財政・営業政策の面でも統一されたことで初めて統一的政治的形象となった。中欧の政治的統一を将来創出するためには、最恵国協定だけでは不充分である。ドイツ関税同盟の歴史がそう教えている（SS. 204–6）。

オーストリア＝ハンガリーはドイツ工業製品を輸入するが、自国で同様の工業の発展可能性をもつ。全体として事態は二人の兄弟の関係に似ており、男女の分業補完関係というより、相互に事業に参加することで最もよく均質化される兄弟の競争である。ロッシュの著『中欧経済ブロック』では、両国関係に需要共同体・補完共同体・単純な競争、の主要形態のあることが示された。需要共同体は熱帯・亜熱帯物産や綿花に関してであり、両国に保護関税の要求は存在しない。補完共同体としては、例えば、木材や卵がオーストリア＝ハンガリーからドイツへ、ロシアの犠牲で輸入され、また石炭はその逆のことがイギリスの犠牲で行われるという関係がある。単純な競争に立つのは綿紡績や機械工業、自転車などで、相互およびバルカンの市場をめぐる輸出競争となる。この形態では関税共同体の困難さが噴出し、しかもオーストリア＝ハンガリーの工業化進行とともに競争が激化しよう。関税同盟であれ最恵国協定であれ、この点が最大の注目をよぶであろう（SS. 210–3）。

今後、食糧・原料の備蓄やシンジケート調整が共同で着手されるなら、いままで一括して通商条約と表現されてきたものが、備蓄条約、シンジケート条約、狭義の通商条約の三つに分かれよう。備蓄では国営穀物倉庫が中心となり、ハンガリーの穀物生産者が一切の外国の競争者と区別される。彼らは我が国の地主や農民と同一のもの、つまり中欧同盟の食糧経済の基礎、となる。シンジケート条約の中心は鉄についてであり、中間関税として想定されたものはカルテル税として、カルテルが国に支払う。この鉄をモデルに多くの部門を組織化し、中間関税による保護部門を減少させ、対外共通関税線以外を不必要ならしめる。すでに多くのシンジケート形成がみられ、この傾向を強化して中欧の課題に連携させることこそが肝要だ。そして新たな中欧関税体制構築に向かう前に、将来の備蓄・カルテル調整の基本線が設定されるのが望ましい。中間関税存廃については、競争力があり必要ないもの、両国の発展度が異なるため対外的保護が一時的に必要なもの、競争力が無くても永続的に産業維持の必要なもの、と場合に応じて、一律には決しえない（SS. 223–6）。

中欧の創設とは、国法的には一定の国家活動の統一化、共同活動のための新しい中心点の創出であるが、参加国の国家高権は損なわれてはならぬ。中欧は上位国家とも呼べるが新国家建設ではなく、既存国家の連合（ブント）がめざされる。連邦国家ではなく国家連合である。それは成立と同時に共同課題の作定に入るが、その際地域的特殊性には配慮する。旧型国家は宗教的民族的性格が強かったが、近代の国家はより経済的であり、宗教の公共部門への介入を嫌う。世界経済的上位国家は領邦教会や文化立法、学校制度などには関与しない。言語問題も中欧の交渉事ではなく、各国家の問題とされる。国内行政も各国にまかされるが、民主化が各国で進めば、祖国のために戦った帰還兵士には完全な市民権が正当に保障さるべきであり、中欧の平等・直接選挙権が施行されるべきである。国情により様々な途を通っても、「いつかどの街角でも中欧標準市民権が育つこと」を望む（SS. 232–7）。

中欧の会社法や取引所監督の接近をはかるには、専門的な中欧作業委員会が必要となる。各国の当該官庁から専門家が派遣され、そこでの作業の結論が各国外務省に提出される、という手順となろう。中欧という国家がなくとも中欧の組織となる独自の機関がなくてはならない。国民国家を軍事国家・経済国家と分けて考えよう。世界経済領域としての中欧は、いままでのドイツ＝オーストリア＝ハンガリーより広くなければならぬ。近隣諸国はこの軍事・経済同盟に編合されるべきである。中欧のどの民族も一つでは世界経済上の経済国家たるに充分な大きさではない。それが資本主義的流通経済の帰結である。中欧経済国家では、一つの経済政府が関税・シンジケート調整・原料統制等を直接に、商法・交通政策・社会政策等を間接に管轄する。この超国民的経済国家は、成長し完成度を増すにつれて独自の機関と経済議会を創出する。とくに自由派・民主派からこの中欧構想には反対が強く、憂慮の根拠もあろうが、どの問題決定に関しても各国の議会が上に控えており、その意味で保障は存在する。我々はますます経済議会を必要とするであろう（SS. 240–52）。

いまやこうした中欧を望むか否か決断することが重要である。両国の一切の戦争問題も、また和平条約におけるポーランド、バルカン、トルコ等の位置も、みな中欧の成否を先決問題としている。その場合にハンガリーの中欧参加が決定的に重要であり、彼らがドイツ民族の歴史的生死を握っているのである（SS. 261–2）。

このようなナウマンの中欧構想の基本思考として、次の点を確認しておきたい。それは、英米露に次ぐ大陸広域経済圏の自立の必要性が戦争により明確化したこと、時代は個人主義的経済自由主義から組織主義に移ったこと、そしてそれを体現するドイツ文化が中核となって中欧文化圏を形成し新たな世界的枠組の中でドイツ文化の生存をはかりたい、というものである。そうして彼の論述にはこの基本思考のための手段的発想が強く感じられる。まず小国の発展可能性には悲観的である。そして中欧の食糧基盤確立のためにハンガリーとの連携を重要戦略としていることである。構想遂行にむけてはあくまで既存の主権国家を前提に、また現実の経済組織化に示される発展傾向の延長上に、国家連合内の経済的融合を説く、という戦術的配慮がある。したがって、出発点でナウマンとは異なり私経済的利害に立脚した構想を描こうとすれば、中欧構想とは根本的にズレるのであって、事実、ドイツの経済界や自由主義的エコノミストからは強い反撥が出たのである。次にみる社会政策学会での議論にもその一端は示されよう。

三　社会政策学会と政府の中欧論

ドイツの社会政策学会では、一九一五年三月二四日の委員会で「同盟諸国の関税接近」をテーマとすることが決まり、つづいて五月一五日には、戦時中ゆえに大会の開催が無理なため、このテーマをめぐる討論を翌一六年四月六日の委員会のときに行うことが決定された。寄せられた論稿は叢書一五五巻第一・第二分冊として刊行され(*)、完売となる。編者ヘルクナーの序言が一五年一〇月二三日付けであり、テーマの緊急性ゆえか寄稿の遅れはなかったという。収められた論稿は計二〇本、それにブルガリア政府の中欧諸国・トルコとの連携に関する覚書も加えられた(3)。

寄稿者の顔ぶれには、A・シュピートホフ、H・シューマッハー、R・シュラー、G・シュトルパー、F・オイレンブルクらの学者・エコノミスト、社会民主主義者のA・ヴィニッヒ、R・ヴィッセル、さらにはブカレストのロットマンらがいた。編者の序言によると、寄稿者は「あくまで個人的な見解を主張」しており、学会としての宣伝や声明がなされたのではない。立場は様々であろうが、しかし「彼らは次の点では一致している。すなわち、ドイツ帝国とその同盟国の間の経済関係の新秩序構築に際しては、最終的決定は、経済的観点よりも全く政治的な観点とならざるをえない、ということだ。だが政治的動機を正しく理解するためにも——その動機はF・ナウマンの著名な『中欧』で明確にされた——経済的関連については可能な限り確かな説明が不可欠である」(第一分冊、S. VII)。

収録論稿では、ドイツとオーストリア＝ハンガリー関係を中心に関税同盟の機能、通商条約・関税の技術的説明、通貨問題、農業の現状と発展可能性、穀物独占、消費者の観点からの接近の問題点、工業の立場、労働者保護の両国比較、社会保険、さらにドイツ・トルコ関係の展望、ルーマニアとの関係、等がそれぞれ専門的に扱われた。ただし対象がこのように多岐にわたり、論稿の長さもまちまちで、分析も深浅様々であるため、すべてが一級の資料とは言い難い。それでも各々のテーマの論じ方のうちに執筆者の中欧構想へのスタンスが感じられるなど興味深い史料ではある。ナウマンばりの楽観論はここでは影をひそめ、接近の技術的困難さとメリットの秤量、両国経済の発展促進効果などが検討される。

分析の徹底さで群を抜いているように思われ、また事実そう評価されたのはオイレンブルクである(4)。彼はまず、世界経済が絶えざる膨張過程にあり、その前提の下でのみドイツ工業が両国の将来の経済的接近にいかなる立場をとりうるかという中心問題が論じられる、とする（S. 7）。そして貿易統計の分析から彼は、オーストリア＝ハンガリーのドイツへの輸出は、その主要品目が食糧・原料であり、また国内需要の上昇のためこの間それがあまり増加してないこと、逆にドイツからの輸出は工業品目では増加、原料・半製品もそれを上回る重要な役割を果たしていること、を指摘する。ドイツの半製品の一二分の一、完成品の五分の一、原料の四分の一がオーストリア＝ハンガリーで購入されている（S. 69）。また同国における営業制度、税制、中小企業、産業分布、交易対象などが検討されてその問題点が指摘される。そして両国間の関税が下げられればドイツの輸出は増大するだろうが、それは住民の購買力上昇によるよりもむしろ当地の産業の犠牲によるものとなろう、と予想する（SS. 91–2）。さらに彼の前提からして、双方の競合関係および第三国との関係がとくに考慮される。そして最後に問題をこう定式化する。「オーストリア＝ハンガリーの国民経済を強化するための最良の永続的保障、両国の経済的摩擦を将来極力避けてしかも同時にドイツ工業のためにより良き販路を創りだすための保障は、どのように与えられるのか」（S. 111）。また関税政策の可能な形式のなかでどれが最適となるか。現下の状況で言えることは、「中間関税線と原則的優先待遇とを備えた関税連合（ブント）は拒否。その代わりに一般最恵国による拡大された基礎の上での税率条約という形での経済的接近」、これが対外摩擦なしに隣国双方の全経済の強化にかなう手段だ、と結論づけている（SS. 120–1）。

討論は予定通り一九一六年四月六日の委員会で、提出された論稿を前提に行なわれた。討論は当日の午後いっぱいかかり、その内容は書記ベーゼの手で速記録をまとめたものが叢書一五五巻第三分冊として刊行されている(5)。

議論に先立ち議長のヘルクナーは、順序としてまず一般的政治観点を含む一般討論、次に個別討論として、一、戦後の交戦国との経済関係について、二、財貨流通促進に対して農業・工業の利害関係者の観点から、三、バルカン・トルコ市場における同盟国間競争について、四、鉄道運賃率政策が関税政策をどう促進するか、またベルリーン＝バグダード鉄道及びドーナウ河川の位置づけを含む交通問題、の形で進めることに参加者の同意をとりつけ、討論を開始した。

まずオーストリア＝ハンガリー側から〇・シュパンがこう主張した。シューマッハーやオイレンブルクは、競争こそ経済力を育てるものであり、関税は育成手段として有効でなく、国内市場の拡大それ自体は効果がないと言うが、それは自由貿易理論を根拠にしたものだ。そしてそこからドイツ工業力の優位を前提とする関税同盟はドイツに利益はない、またオーストリア＝ハンガリーの工業発展に阻害的作用を及ぼす、とする。だが国内市場の拡大は労働の生産性を高めるのであって、オーストリア工業の崩壊ではなく、専門化そして成長をもたらす。したがってまず経済的理由から過渡的中間関税を備えた同盟が双方に有利である。また政治的理由からも同盟に賛成である。政治的とは政治党派的・国家利害的観点ではなく、その背後にひそむ民族的な（national）利害のことである。民族とは「本源的な精神的内容の自由な、共同の生産を通して生ずる精神的共同体」（S. 13）のことだ。我々は「民族による国家を望む（den Staat durch die Nation wollen）」（S. 15）。

K・ディールは、関税同盟実施上の諸問題としてとくに為替を挙げ、「緊密な関税同盟は現在両国間にみられる以上の経済状態の均質性と統一性を前提する」と指摘して（S. 17）慎重な通商条約が最良策だと説いた。J・ピアシュトルフも、経済理論的にみて両国経済の合体も予測できず、経済力較差が明白な現在、関税同盟では双方の利害調整が困難だ、と指摘した。

これに対してE・ヤッフェは、両国の結合を民族的政治的必要事とみなす立場から、問題は「決して経済問題ではなく外交政治の問題」だとしてシュパンに賛成する（S. 20）。また関税政策よりも今後は交通運賃政策、またとくにカルテル政策の影響が重要となるであろう、と予想した。

W・ロッツは、両国の接近が局地的不作を補えるほど安定した食糧自給体制となれるか否か、否なら同盟関係の一層の拡大かそれとも世界経済指向の政策を採らねばならぬのか、と問うた。ややもってまわった稚拙な論点提起ではあるが、これが実は論争全体の背景にある論戦配置を照らし出していた。彼はこう述べる。両国の「経済部面での緊密な関係とは、非常に強い保護関税論的な、そして農業面での自足の基盤を迫るもの以上のものとはおよそ思われない」(S. 21)、と。

討論の基本図式は概ねこうであった。純経済論的には、自由貿易論者は、ドイツ諸産業の利害からいって遅れたオーストリア＝ハンガリーに拘束されるマイナスと、第三国との貿易量の圧倒的大きさとからみて接近に否定的であり、保護関税論者は両国の分業関係の進展及び中間関税の保護機能とオーストリア＝ハンガリーの発展可能性を肯定的に評価して、接近に賛成した。ただし自由貿易論者も政治的観点から戦時の同盟国間の接近に賛成する(反対しない)立場表明をした。また、この論点からはみ出すものの中で最も興味深いのが、次のオイレンブルクとハルトマンの応酬の中に表れたものである。

オイレンブルクは、フィリポヴィッチやベルリーン＝バグダード鉄道推進派バロットらのいう両国分業関係の展望に抗してこう述べた。専門化とは国内市場に供給してなお余りある余剰生産である。オーストリア＝ハンガリーにそれほど大きな資本力のある産業は若干の奢侈品工業以外には無い。産業振興のためには投資が必要だが外資導入を関税が阻害しているとは言えない。これまでなされてないのは投資がみあわないからであって、そのことは当国の国民経済の内的な障害に起因する。学校制度の不備による識字率の低さも民族問題がからんで手がつけられない。経済接近をめざしてドイツの側でやれるのは通商政策上のことよりも、むしろ農業信用制度の育成、対外収支向上に資すべき信用銀行の強化、ドーナウ船行・鉄道を含む運輸面の改善、農工業への投資の強化・国内植民への協力、である。だが投資強化の前提には一連の行政改革と税法・会社法の改善があるであろう、と（SS. 50–6）。

歴史家で政治家でもあるL・M・ハルトマンはこう応じた。オイレンブルクの発言では、オーストリア人から始めるべきだ、というのが本質的ポイントだ、「オーストリアで始めるべきであると。（ヤジ「内発的に！」）――ええ、内発的に！　だがそれがまさしく問題なのです」（S. 59）。オーストリアには活動力、企業精神、才能を豊かに備えたドイツ人がいない。オーストリアのドイツ人は帝国ドイツのドイツ人にひけをとるものではないが、なぜ彼らでは成功しないのか。それは彼らが、非ドイツ的で文化的経済的にも他を指向する諸地域の中にバラバラになっているからである。我々から始められぬ事情は一九世紀の歴史が示すところだ。我々が望むのは個々の産業の好調などではなく、ドイツ＝オーストリアがドイツ人によって企業（Entreprise）として受け容れられることであり、そうしないと事態は良くならない。内部からは始まらない、というのもオイレンブルクが正当に指摘した全行政的欠陥はオーストリアのドイツ人によっては打破されないからであり、関税とこうした行政があるうちはドイツの資本も投下されない。「我々からは始められない。あなた方が我々に関税同盟関係を強いなければならない」（S. 63）。また、宗教的党派がケルンテン・ティロールの一切の工業化を組織的に抑圧しようとしている、と発言したときに、「関税同盟でそれが変えられるのか」とヤジがとんでも「そう、変えられます」と述べて、出席者の哄笑をかっている（S. 75）。

ハルトマンは純経済的な論理や分析は承知しつつも、自国の抱える多民族性およびその中でのドイツ人の位置、官僚制、封建制色の濃い社会構造、政党の宗教性等の困難な問題[6]への着手の第一歩としてドイツとの連携強化、したがって関税同盟構想に賛成するのである。換言すれば、ナウマンの構想が「中欧」多民族共栄圏の形ではあれその中にドイツ人の指導性が明確に唱えられていたのに対応して、オーストリア＝ハンガリーのドイツ系住民が自己の国家主権（従って歴史的・政治的アイデンティティ）を保持しつつもナウマンに応じようとしている——その典型例としてハルトマンを見ることができるのではないだろうか。文書発言のハイニッシュにも同様の思考がはっきりとうかがえるのである（S. 103f.）。

健康上の理由で討議に全部は参加できなかったG・シュモラーは、ベーゼ編の議事録を読み、それへのコメントを第三分冊の序文とした。彼はそこで、通読後も自分の基本思考に変化がなかったとし、以下のような総括的印象を記している（第三分冊、SS. VIII–XI）。

現下の通商接近は一八二八～六七年の関税同盟史、一八五三～六五年の通商条約の延長上に位置するものである。両国は互いに相手なしでは存在しえず、軍事的防衛同盟に相互の経済的支援が付加されねばならぬ。それには共同の外交政策の他に、まず共同の為替に関する同盟および中央銀行の統一に向けた協力に関する同盟、つぎに共同の河川・鉄道政策に関する同盟が含まれる。今後これらの部門で可能な限り統一への協力がなされねばならぬ——これが討論の最大の結論であり、それが成ればドイツの投資を導く他の条件もつくり出されよう。中欧は英露仏米に比肩する通商大国とならねばならない。そしてポーランドとベルギーのそれへの編入、しかるべき植民地所有、バルカン諸国との政治的経済的同盟関係も必要である。我々両国はポーランド、ベルギー、バルカン諸国に対して政策上の一致を必要とするが、両国の経済的結合ないし関税同盟がその前提である。小国と大国の「主権」は現実には異なるのであって、以上が小国の主権を保持する唯一の途である。両国の将来の通商条約を一切危うくすることなしに第三国と近隣諸国とを最恵国扱いにおいて差別化するのは困難だ、という批判には一定の正当性があるが、これは「力だめし（Machtprobe）」なのだ。近隣諸国にしても両国の完全な関税同盟よりはそうした差別化の方が好ましかろう。どちらから始めるべきかの争点については、先に示した部門で合意をみるなら進歩は期待できるのであって、論争も無益となる。バルカン諸国およびトルコでの非敵対的保護関税体制は阻止すべきものでなく、我々との関税連合が将来築かれよう。経済政策の全問題においては経済的かつ政治的な判断しかありえない。会員諸氏は深い政治判断力をもって全体として両中心国の緊密な関税＝通商同盟関係に賛成した、と言いたい。

最後にシュモラーは、地理・人種・言語的に、また経済生活上の諸条件で共に育ち千年の共通の歴史をもつ両国は関税政策でも共同の将来をつくり出せるとし、一八二八年以来の歴史でみられたと同様の楽観主義と希望とが両国の経済的結合をもたらすのであり、それのみが「中欧に必要な力と望ましい国民経済上の繁栄を保証する」と結んでいる。

ここで、大戦期の中欧構想がどういう流れの中に位置していたかを、フィッシャーの研究から一瞥しておこう。[7] イニシャティヴは帝国宰相ベートマン＝ホルヴェークであった。彼は一九一四年九月、帝国内相デルブリュックに中欧計画作成を秘密裡に委任した。デルブリュックはこう記している。「我々はもはや国内市場を支配するためにではなしに、世界市場を支配するために闘争する。そして大西洋の向う側の世界が非常に強力な生産力を発展させる可能性をもっているので、ヨーロッパは関税を統一してこそ、必要とされる強さを獲得してこれに対抗できるのである。……戦争の結果我々は、その成功の頂点を過ぎ始めている経済制度を捨て去る機会と可能性とをもつことができた……」（三〇三～四頁）。

政府内の検討でもその後に問題とされた論点はほぼ出されていた。ドイツ・オーストリア共同の組織の中ではプロイセンの優位が危うくなること、ドイツ農業への打撃の可能性、中欧がドイツ工業にとりそれ以外の市場の補償たりえないこと、交戦国および中立国との戦後の通商関係の展望、等である。宰相は、まず特恵関税に立脚する関税連合（ブント）の追求とその関税同盟（ウニオン）への発展という路線を採り、交渉を開始させた。「オーストリア＝ハンガリーは、オーストリア・ポーランド問題の解決に際して中央ヨーロッパ問題という目標と対決せざるを得ない立場に追いこまれた。またドイツ帝国政府指導部は中央ヨーロッパについても、既成事実を創ってしまって、国際的な平和条約といえどもそれを後退させえないようにしようとした」（三一〇頁）。一五年末に交渉が開始されたがドイツ内政の紛糾もあり、とくに成果はなかった。「その上にナウマンのアジテーションによって、協商国の側に非常に大きな反作用がひき起こされていた。パリの経済会議では、イギリス、フランス、ロシアは中央ヨーロッパ市場に参加しない、という回答が出された。もしも中欧列強側が、その経済的結合を、他の諸国家の通商上の利益を犠牲にしても達成しようというのならば、協商諸国は、関税戦争および経済戦争という形の敵対行動を、平和が結ばれた後になっても続行する、というのが回答の主旨である。こうしてドイツ人は、全世界におよぶ反対に直面して、中央ヨーロッパ計画を断念するか、またはひたすら強制によって、その実現をはかるかの岐路に立たされたのである。ベートマン＝ホルヴェークとその後継者は、後の道を選んだ」（三一一頁）。

対外的に厳しい批判にさらされた中欧構想は、しかし国内では当初、もう一つの政治的意味を有していた。それは、併合のスローガンで世論を獲得して祖国党に結集した保守的帝国主義者に対抗して、諸民族の自由と併合放棄とを打ち出した「自由と祖国のための人民同盟」へと後に結集する自由主義派の人々に結集の核を与えていたという点である。[8] ナウマン自身もこの同盟の結成の檄の署名者となっている。[9] しかし中欧の理念は、そもそも内在的弱点をもっている。ロシア支配下のスラヴ諸民族に自由を約束しておく一方で、オーストリア＝ハンガリー内諸民族の自治権や、まして主権には多くを語りえない、それはドーナウ王朝解体を即座に意味してしまうからである。[10] 思想戦線ではともかくも、現実政治においては、実際にポーランドの扱いをめぐって中欧両国の一致が得られず、一九一七年一一月に中欧構想は頓挫したのである。[11]

このように中欧構想は、たしかにドイツの戦争目的に深く組み込まれた政治問題ではあったが、社会政策学会でも取りあげられる経済政策的性格を強くもっていた。政策思想のレベルで根底的に問われたことは、大陸経済圏か世界通商国かの選択であった。関税同盟の支持派にも様々な変種があり一概には言えぬが、それは何ほどか原則的自由貿易への制約を意味する。戦争の進行のなかで対英大陸経済圏へとシフトせざるをえない経済的自由主義者もあった。[12] クリューガーはこう描いている。「自由主義者の一部は……自立的『世界通商国』の概念から大陸ヨーロッパの経済共同体へと転じた――これは、とくに世紀転換期の工業国論争のなかで自由貿易論者の見解に抗して弁じられたような、アウタルキー的議論への遅れた妥協である」。[13] 工業国論争時に提起された世界経済への編入による危険が戦争で現実に現れた。条約・関税技術的な議論という衣帯の奥には「再版」工業国論争とでも言うべきものが展開されていたのである。[14] ただその間、チェンバレン・キャンペインにみられるイギリスでの保護主義的ブロック指向、アメリカ経済の発展、ドイツの植民地問題といった世界経済上の変化が論者に意識されていたことは看過されてはならぬであろう。[15]

ところで今日の時点でこの中欧構想をふりかえって見るとき、我々はどうしても「ヨーロッパ経済共同体」（EEC）との類似性に触れないではいられない。クリューガーは、議論としては自由貿易論者の方がまさっていたにせよ、EECの展開をみると中欧論者にも一理あることを認めねばならぬ、としている。そしてEECが工業国同士の結合であるのに対して、「中欧」ではドイツのみが工業国であったことを指摘し、通商条約を第三国への外交敵対の手段とするのでない限りは「中欧」関税同盟がそれほど不適切ではなかった、とする（S. 180）。

またフィッシャーも同様に、「ドイツをフランス、ベルギー、オーストリア＝ハンガリーなどと経済的に結合しようという中欧思想の理念は（ドイツ帝国が指導的な地位を保つという形の下においてではあったが）今日のＥＥＣの組織問題を先取りするものであった。今日の超国家組織という観念に照応するのが関税同盟であり、一方ヨーロッパの経済共同体を意図して超国家組織を断念するのが関税連合である。第一次大戦当時と現在の理念に共通な点といえば、ヨーロッパ以外の経済ブロックに対して競争できるだけの実力をもちたいと考えるヨーロッパ諸国家の自主的商業政策の課題である」と記した（Ⅰ、三四一～二頁）。

国境で区切られた一国経済の複数が一定の共通利害の下で接近を計るとき、緩い通商条約から「経済統合」[16]まで様々な変種が現れてくる。ＥＥＣはこの経済統合を目指すものと考えてよいが、最後に経済統合の実現を支える論理について若干触れておきたい。

四　マルシャルの経済統合論

ナウマンはドイツとオーストリア＝ハンガリーを「兄弟の競争」関係になぞらえた。しかしドイツ経済力の優位は否定できず、彼もまずハンガリーの穀物を中欧の穀倉と位置づけ、二国間の補完関係は認めていた。そこで彼はロッシュの議論を援用して財の種類により二国間関係を様々に調整する必要を説いたのである。当時も、とくに産業構造上の差の大きい場合には通商条約ないし関税連合が適当とする判断があったのである。これは裏をかえせば、経済統合を求めるときには高度の均質性が要求されることの承認であろう。そしてECの経済統合の試みを、異種の国民経済の補完体制ではなく、まさに均質的経済圏の拡大と把えてそれを理論化したのがA・マルシャルであった。以下、彼の『統合ヨーロッパへの道』[17]から当該論点を抜き出しておく。

マルシャルの経済統合論における中心概念は「複合発展」である。複合発展とは、社会的分業関係の進展が相互の発展を促進しあい均衡的経済圏を拡大する形で進行する、というもので、産業特化とは対照をなす考え方である。[18]そして複合発展のみられる統合的地理空間（産業連関領域espace solidaire）はそこに生活する人々の意識をも刻印するのであって、ヨーロッパ人の公民意識も「連帯圏の順次的な拡大、すなわち局地的なものから地域的なものへ、次いで国民的なものへと拡大し、自然の成り行きによって複国家的、大陸的、世界的なもの」（vi頁）となってゆく。経済の複合発展は、人間諸個人の「不断の接触から生まれる隣人関係が純粋な状態であらわれる」（七三頁）局地経済から地域経済へ、そして国民経済へと経済統合を積み重ねてゆく。[19]そして複数国民経済の統合の試みとしてECが位置づけられる。

国民経済次元での国家の役割は大きい。国家は法制定や関税、公的サービスを実施し、「このことによって国内でともに生活し、協力しあう諸個人の連帯は非常に強化される。『国民経済における国家機構は、本質的に協同の機関である。それは諸個人間の、諸集団間の、諸地域間の、そして自国と他国間の協同を統轄する』」（八二頁）。保護関税は国民経済の複合発展の本質的原因ではないが、大きな効力をもったのは確かである。保護主義は一般に国際経済に阻害的と考えられてきたが、そうではない。それはあらゆる国の複合発展に寄与し、各地での全資源開発・販路創出を促進し、国際経済的には負担となる商品、労働力の移動を最小限におさえた。「保護主義は確かに国際経済のより高次の利益に奉仕したのである」（八九頁）。

国内と国際間の競争は全く異なる意味をもつ。国民経済次元での地域・部門間の優勝劣敗は一国の生産物・税収入にマイナスはなく、勝者の高い生産性実現も国全体には好ましく、産業連関作用による敗者への償いも容易だ。だが国際経済においては、自由競争の不利な条件を調整する機関、つまり税の徴収者にして分配者、不平等の調整者、誤りの訂正者、均衡の創出者としての国家にあたるものは存在しない。何よりも国家が地域間に創出する産業の連関関係が存在しない（八六～七頁）。

そしてこのような認識からマルシャルの欧州経済に関する構想が導出される。超国家的な実効力ある機関が存在しない現段階では、国際経済の実態において「国民経済と国際経済との中間に限定された連合体、大陸規模での連合体が形成される傾向にあることが判る。それは、お互いに近接しているということから密接な政治的、経済的関係を維持している諸国家の集合体である」（九四頁）。その一つが統合ヨーロッパなのである。この統合には次のことが要求される。（1）「相対的に質の似かよった、発展水準の比較的近い諸経済の接触を実現すること」。（2）統一した政策、また諸分野での共通した政策追求を可能とする共通制度の創出。（3）経済的政治的適合過程を保障する時間的余裕。（4）

徐々に低減・消滅すべき共通税率の保護関税（五七頁）。以下、この第一点に関してマルシャルの主張をみておこう。

彼は経済成長のパターンに関する理論的・歴史的検討から「一方が発展し他方がまだ強固な基礎的諸施設を築くに至っていないような二つの経済が交渉をもつことは、後者の発展を妨げる効果を有する」（一六八頁）と結論する。このことは共通の自由市場に包摂される二地域間にも妥当するのであり、したがって共栄促進のための政策がそこに要請される。「各国家がその地域開発政策を通じて地域間の不均等を減少させると共に、貧困な地域で、普及効果の伝播を妨げるものを消滅させようとするのはよいことである。地域開発政策がヨーロッパ統合政策の一条件である理由がここにある。いくつかの国民を統合するためには、各国民はあらかじめ、自らの内部ですでに統合されていなければならない」（一六九頁）。また国民経済間の統合の方法については「自由交易のみが必要な構造変革をもたらしうる」との確信に立つ自由主義的（つまりは流通主義的）方法ではなく、「あらかじめ構造を修正することなしには交易に行きつけないとする考え方」に立つ構造主義的方法が採られねばならぬ。レプケらの自由主義的思考[20]は、財政・公共投資等の機能を認めつつも基本的に統合を自由交易とみなし、静態的均衡に対応した考え方である（一七四頁）。だが「われわれのいう統合は、異なった経済が接触することによって生じる調整、内部適応、構造解体、構造再編成など一連の鎖によってつながる真に動態的な過程」（一七九頁）である。静態均衡的に導かれる安価、高生産性の産業特化は誤りである。「目ざす目標は厳密な国際的特化（静態的観点）を形成することにあるのではなく、成長を開始し、かつそれを順次伝播して行けるような均衡のとれた産業構造を形成すること（動態的観点）」（二〇一頁）なのである。

こうしてマルシャルは統合手続きの順序や共同政策立案の機関の必然性について逐次説いてゆくが、本稿ではただ、「構造的な条件」の項に「関税・経済同盟には、経済が相対的に同質であり、その構造も比較的似ているような対等の国のみしか集めてはならない、これこそが第一の……条件である」（二六四頁）の文言を確認すれば充分であろう。[21]

このような視角からみたとき、いま世界の注目を集めている両ドイツ統一とEC統合の関係については、経済の論理からはドイツの経済統合が先行せねばならない、と言えよう。ただドイツ問題に関しては現在のところ、NATO・ワルシャワ条約機構関係と核配置という欧州安全保障の枠組が政治問題として前景に現われ、その中でコール西独首相も「ドイツ統一とEC統合は並行して進まねばならない」と発言している。[22] たしかにEC単一通貨・EC中央銀行も日程にのぼっているが、欧州議会の議席配分問題も含めて統一ドイツを抱える場合の欧州経済統合は九二年への計画を何ほどか遅らせることになるのではないか。ひるがえって第一次大戦期の同盟国間経済接近構想をみると、当時は関税や通商条約の技術的諸問題が多面的に論じられる中で両国の異質性が逆に浮き彫りにされていた。軍事防衛同盟国間の経済接近として通商条約関係以上のものを望んだ中欧構想は、挫折するべくして挫折したのである。

注

（1）Friedrich Naumann, *Mitteleuropa*, Berlin 1915. 以下、カッコでページを示す。これを紹介した文献としては、河野裕康「ヒルファディングと中欧構想」『社会思想史研究』一一号、北樹出版、一九八七年、がある。

（2）地理学者の間でも『中欧』は衝撃だったという。H.-D. Schulz, Deutschlands 'naturliche' Grenzen. 'Mittellage' und 'Mitteleuropa' in der Diskussion der Geographen seit dem Beginn des 19. Jahrhunderts, in *Geschichte und Gesellschaft*, 15/2 1989, S. 266.

（3）経緯については F. Boese, Geschichte des Vereins für Sozialpolitik 1872–1932, *Schriften des Vereins für Sozialpolitik*, 188. Bd., Berlin 1939, SS. 149–51. 論集は *SVS*, 155. Bd., I. u. II. Teil, München u. Leipzig 1916.

（4）F. Eulenburg, Die Stellung der deutschen Industrie zum wirtschaftlichen Zweibund, in *SVS*, 155. Bd., II. Teil, SS. 1–127.

（5）*SVS*, 155. Bd., III. Teil. Aussprache in der Sitzung des Ausschusses vom 6. April 1916 zu Berlin. ただし検閲への配慮から、かなり書き直したヴェーバーの例もある。*Max Weber – Gesamtausgabe* I/15, Tübingen 1988, SS. 138–9.

（6）諸発言中に指摘されるこれらの問題の根深さについては、テイラー『ハプスブルク帝国一八〇九―一九一八』倉田稔訳、筑摩書房、ジョンストン『ウィーン精神1・2』井上・岩切・林部訳、みすず書房、ショースキー『世紀末ウィーン』安井琢磨訳、岩波書店、が示唆的である。ハルトマンにもみられるドイツ主義的発想への批判として、L. V. Mises, *Nation, State, and Economy*（Trans. by L. B. Yeager）, N.Y. & London 1983（origin. 1919）, pp. 126ff. を挙げておく。

（7）F・フィッシャー『世界強国への道 I』村瀬興雄監訳、岩瀬書店。とくに第八章。

（8）E. Demm, Alfred Weber im Ersten Weltkrieg, in Demm (Hrsg.), *Alfred Weber als Politiker und Gelehrter*, Stuttgart 1986, S. 31.

（9）Marianne Weber, *Max Weber. Ein Lebensbild*, Tübingen 1926, S. 629.

（10）Demm, Ibid., S. 31.

（11）フィッシャー『世界強国への道 I』、とくに第八章。またW・コンツェ『ドイツ国民の歴史』木谷勤訳、創文社、一〇八頁。

（12）ヘルフェリッヒはその例と言えよう。フィッシャー、I、三〇九、三一二頁、他。

（13）D. Krüger, *Nationalökonomen im wilhelminischen Deutschland*, Göttingen 1893, S. 173.

（14）工業国論争については田村信一『ドイツ経済政策思想史研究』未來社、第一章。二〇年代の構造転化論争はさしずめ三訂版か。柳澤治『ドイツ中小ブルジョアジーの史的分析』岩波書店、III－1参照。

（15）とくに前二点に切り込んだSchulze-Gaevernitz, *Britischer Imperialismus und englischer Freihandel*（Leipzig）は一九〇六年に出されている。

（16）田中素香『欧州統合』有斐閣、第一章。EC統合の実態については第二章以下を参照。

（17）赤羽・水上訳、岩波書店。

（18）柿内正徳「アンドレ・マルシャルの経済構造論について」早瀬利雄他編『経済社会学の周辺』新評論、一一七頁参照。

（19）大塚久雄の国民経済形成史研究との相似は明らかである。赤羽裕『低開発経済分析序説』岩波書店、の第六章では、リスト→ブロカール→マルシャルの系譜の意味が説かれる。

（20）レプケの経済秩序政策は、市場機能を信頼して、市場秩序整備に限定される傾向にある。C. Watrin, The Principles of the Social Market Economy – its Origin and Early History, in *Zeitschrift für die Gesamte Staatswissenschaft* 135/3, Tübingen 1979, S. 421. この論点はレプケのみならず秩序政策重視の「社会的市場経済」論一般に妥当すると思われる。R. Clapham, Die Konzeption der Sozialen Marktwirtschaft. Entwicklung und Inhalt, S. 23, in U. H. Wagner (Hrsg.), *Entwicklung und Bewährung der Sozialen Marktwirtschaft. Eine kritische Bestandaufnahme*, Köln 1970.

（21）第二次大戦後に各国資本主義の「類型」が解体したことをEC成立の条件とするのは遅塚忠躬である。「近代とその終末」堀米庸三編『歴史としての現代』潮出版社、一九七三年、一二六頁。

（22）『朝日新聞』（東京）一九八九年三月三一日朝刊。

〔付記〕本稿印刷中にあっさりと統一ドイツが成った。末尾の一節は「歴史的」なものとしてそのままにしておく。また脱稿後、ナウマンの『中欧』を紹介した書物が刊行された。加藤雅彦『中欧の復活』日本放送出版会、一九九〇年、がそれである。

（＊）【補注】通例、大会テーマに関する論稿を事前に叢書で公刊し、会員はそれに目を通して大会で議論する、という形が採られた。「社会政策学会」（小林純『研究室のたばこ』唯学書房、二〇一一年、一五九頁）を参照。

V　エミール・レーデラーの位置をめぐって

一　はじめに——社会政策の限界

『独逸社会政策思想史』の著者である大河内一男の歴史学派理解は、G・シュモラーと彼以降の世代「最新歴史学派」との継承関係の分析を欠くことから、すでに批判が加えられている。[1]彼は「一九〇四年以来、歴史学派の最後の支柱としての、『倫理的』経済学が……ウェーバーによって取り去られ、学派全体として、理論的には既に清算の過程にある……」[2]として、第一次大戦前にすでに歴史学派の解体が進行しているとみた。だがシュモラーら「新歴史学派」と「最新歴史学派」に属すると目される人々が、ともに社会政策学会を活動の舞台としていた、ということについては大河内と彼の批判者の共通理解が得られるであろう。そして大河内の前掲書での固有の課題は、この学会を舞台として行われた論議の中にドイツの社会政策（政策課題の設定、その把握の仕方）の展開を跡づけることであった。

彼のこの作業において、「最新歴史学派」の周辺的人物と見なされるエミール・レーデラーは、ヴァイマル期の記述中にかろうじて登場する。最終章、第三編第五章「第一次大戦後における社会政策の転変——社会政策における『危機』と『限界』」の骨子を以下に追ってみよう。

第一次大戦前においてすでに、社会政策はその客体および主体の変質により、「危機」を迎えていた。社会的弱者たる労働者階級に対する、党派的に中立な国王の官吏の手による恩恵的保護は、倫理的なる義務であった。しかし客体たる労働者階級は資本と対等な勢力となり、主体の「社会的王制」の主導力もユンカーから資本の手に移り、社会政策は「産業負担」と感じられた。ここに、従来「上からの」社会改良で見落とされていた、労働関係における労働者の自主権の獲得という課題が、危機を克服する新たな方向づけとして浮かび上がってきた。

戦後、労働者運動の躍進と無産政党の政治的権力への参与のなかで、社会政策の課題のひとつは、社会政策の社会主義化により労働関係における半＝封建的隷属性を払拭し、さらにはその資本主義的従属性をも克服することであった。もうひとつの問題は、戦前から継承された社会政策の経済的限界に関する批判であった。ドイツ経済が壊滅に瀕している中で賠償と復興を課題とし、まずは生産の増大が促進されねばならなかった。それが資本の要求であったばかりか、全体利益と一致すると思われた限りで、労働組合のスト権要求と八時間労働への固執は最大の障害に映った。こうして、従来の「分配政策的社会政策は生産政策的社会政策に転化」（二八四頁）せねばならなかった。学会員の多くが生産政策の優位に傾く中でブレンターノは一九二九年に脱退した。

戦前の学会は、パイの増大を前提に、経済政策が社会政策を不可欠の一部とすることを啓蒙し、倫理的・分配的経済学をその基礎としていたが、いまや社会政策の前提として経済政策が順当に遂行されるべきであることを指摘することが課題となった。こうして社会政策に対する経済政策の優位が確認されると、あとは社会改良はどこまで許容されるか、という「限界」の問題が残された。ひとつの答は、社会政策を社会主義に結び付けて両者が同じ精神に立つものと見て、「限界」を意識せずに経済民主主義の実現要求として提起されたが、これは「社会改良主義的本質」のものであった。もうひとつは、社会政策をとくに産業利潤に対する負担とみる立場で、社会政策の「限界」を力説した。

では、この「限界」とは具体的にはどう捉えられるものか。経済政策と社会政策は、ともに資本制社会の価値秩序をなす要素として比較されねばならなかった。そして社会政策の秩序維持機能の費用と効果とが秤量されて、そこで「限界」が語られるわけである。大河内は次のように定式化する。「この秩序維持効果とは、単に労働力保全策ないし労働能率増進策の意味における生産政策的効果のみならず、進んで階級対立の緩和、産業平和の実現等の効果も考えられたとはいえ、社会政策の『限界』の問題に対して厳密な関連を持ち来るのは、右の効果が『生産性』の上昇として数量的に表現され、且つこれらの社会政策的諸施設が国庫乃至は特に産業に対する『社会的負担』として数量的に表現される場合に限定された」(三〇三頁)。

このプラスとマイナスが他方の経済政策と対比されれば「限界」の問題は解答可能となる。かくして人口一人当りの社会生産物量の減少が始まるところで社会政策の「限界」に達したことになる。人口増加率を資本蓄積率が下回るときも同様とされる。だが、量的に不可測的なものはここでは考えられていない。したがってレーデラーの説くように、「動態」経済を扱う場合には、上記命題はつねに不可測的効果によって修正を被らざるをえないのである。つまり階級対抗などの情勢に応じて、「限界」は広くも狭くも理解されることになる。生産政策こそ最良の社会政策だという主張は、「静態」経済しか考えないことの結果である。

大河内の大著において、社会政策の学的課題を論理的に追いつめてゆく叙述は、このレーデラーの論点の紹介をもって実質的に終わっている。社会政策学会が「産業負担」を旗印に社会政策の限界を喧伝する場へと変わってしまったときに、それでもなお社会政策の可能性をこの場で主張しえた人物がレーデラーだったのである。[3]

レーデラー自身はなにもこの学会の存続のためにこうした学的課題の提起を行ったのではなかろう。また大河内もレーデラーに、解体期の論戦参加者の一人として取り上げる以上の関心を示してはいないようである。ただ、二〇年代の半ば、すでに社会政策がかつての独自な意義と課題を喪失したことが一般に印象づけられていたような状況にあって、[4] 学会の存在根拠を論戦のうちに論理的に探ってゆくと、レーデラーの活動の一端と交錯することとなった――こう見てよいのではないか。ともあれ社会政策の展開からみれば、レーデラーは上述の課題、すなわち動態経済における人口と資本蓄積の関係を理論的に考察するという課題、を負ったことになろう。

ハイデルベルク大学、ついでベルリーン大学教授となったレーデラーはこの理論的課題を遂行してゆく。同時に彼はその他のヴァイマル期の実践的・理論的な諸課題に取り組んだ。本稿では、次項で彼の世界恐慌さなかのドイツ経済認識を紹介し、次にそれを支える彼の理論的立場を構成する諸要素を指摘し、最後に彼のアウタルキー批判を見る。歴史学派の特色である経済社会学的指向や国民経済観が、ヴァイマル期以降の布置状況でどんな位置を占めることになるのか、それを経済学者レーデラーの活動のうちに見ておきたい、という関心からである。

二　経済的危機の認識

一九三〇年の選挙でのナチスの躍進、そして三一年の金融恐慌の勃発と、ドイツの政治的経済的危機は深まった。ここで取り上げるレーデラーの「恐慌からの脱出路」(5)は危機のさなかに行われた講演の記録である。彼はここで、ドイツ経済の陥っている苦境について包括的な考察を加え、原因ならびに脱出の方策についての見解を、かなりまとまった形で述べている。この稿によって彼の現状認識を見ておこう。

1　恐慌の原因について(6)

彼はまず、現状の不況が、資本家的生産の法則的運動に由来するものであって、経済学による解明が待たれる景気循環の一局面である、と認識する。そして現下の危機の長期化が、若干の例外(フランス、スウェーデン)をのぞく世界各国を巻き込んだ世界経済恐慌によるものだとして、その原因と考えられることを以下の九点にわたって考察する。

第一、景気変動。彼は現状を景気循環過程における「正常な」恐慌であると見た。そして恐慌とは、経済の動態的な発展過程、つまり大きな技術変化が生じるときには不可避の部門間の成長速度の違いが引き起こす不均衡から生まれるものだ、とされる。ここには彼の景気循環の把握が示されている。まず好況期には、生産施設、機械、運輸設備等が拡張されるが、この時期の発明・発見は生産過程の再編の刺激となり、新たな経営が生み出されたりする。生産組織には新旧交替と同時に組織の全般的拡大も生じる。こうして生産能力の上昇が見られるが、とくに生産手段生産部門の飛躍的上昇が起こる。ドイツでは一九二六〜二七年に粗鉄生産が三五％も上昇したが、それは戦前の水準を二〇％も上回った。しかし消費財部門は決してこれと同じテンポで上昇しなかった。さて生産の拡張の重要な要件は信用である。信用は、ある限度内では現実の貯蓄形成よりも急速に拡大しうる。そのかぎりでは景気の上昇局面はいつもインフレの契機を含んでおり、利潤のつり上げや収益性の部門間対立、資本の誤った誘導など、不可避の随伴現象を起こす。好況の持続は、生産財価格を消費財価格よりも急速に上昇させて基礎的産業の拡張を促進し、全般的な価格水準の上昇に到り、自国経済が世界市場での価格水準との関連を失うまでになる。こうなると、あとは恐慌によって、価格水準の低下、諸生産部門間の正しい価格関係の再建を通じての調整を待つ以外にはない。好況が著しければ、それだけ激しい生産過程の収縮が起こる。不況は通例、信用の流れの阻害によって引き起こされる。つまり、例えば銀行が従来の信用の延長や新規の信用供与を行わないことで始まる。これで従来規模の生産継続が不可能になり、生産縮小、失業発生、消費後退、価格の低下や急落すら起こる。購買力は収縮し、インフレからデフレ過程に入る。これは経済的波動の必然的な局面であり、貨幣の運動として描かれるが、本質的には生産過程内部の痛みをともなった手術なのである。現下の動きはこの「正常な」経過のうちにあるけれども、この数年間の生産手段部門の高揚がとくに強力だったこと、また再編過程中の技術的効率が著しい能力の不均衡をもたらしたことのゆえに、波動の谷はとくに深くなっていた。これに、さらなる条件がつけ加わっている。

第二、原料と食糧の生産条件。現在、石炭や鉄鉱石、石油、銅、ゴム、穀物や食肉の市場では著しい過剰があって、価格も急落している。まず石油や石炭の自然資源については、将来の収穫を割り引いて現在価値で評価するという計算方式と、高い技術水準での自由競争とのゆえに、浪費ともいえる生産が行われている。穀物生産では、アメリカとカナダが耕地面積の拡大を進め、しかもコンバインを利用しての高い労働生産性を実現して低コストの穀物を供給している。ロシア、シベリア地域でも耕地拡大が見られる。だがヨーロッパ諸国では人口増加の停滞、食生活の変化のために、穀物需要は伸びていない。そのため価格低落は著しく、旧ヨーロッパ諸国の穀産農業は展望を失っている。各国政府が対応しかねている状況であるが、それでも新大陸では自由競争のさなかに絶えず新たな経営が登場してくる。関税政策もこの圧力には無力である。なによりもヨーロッパ農業地域の（工業生産物に対する）購買力が衰えている。工業部門との連動の分だけ一九世紀末の農業危機よりも深刻である。

ゴムや綿花の生産も急上昇した。以前は予想もつかなかったほどの供給の伸びがあり、ゴムの価格は戦前の八分の一に急落したが、熱帯地域の大プランテーション経営が苦しくなったとはいえ、零細経営の方はそれで生産から撤退するということもない。ヨーロッパの工業はこの原料価格低下を利用するのだが、しかし、生産の有機的構成が極めて高度化したために、原料価格低落が生産物価格のうちに現れることは困難になっている。

第三、労働市場。ドイツの場合、一般兵役義務の廃止により、約五〇万人分の労働人口が労働市場に現れ、その分だけ失業が増えていることになる。またとくに人口の年齢構成の変化が問題である。就業可能な一五〜六〇歳人口は、ドイツでは一九〇〇年から二五年までに三二三三万人から四〇五〇万人へと、二五%も増加した。イングランド・ウェールズではほぼ二二%の増加、これに対してフランスでは五%しか増加していない。戦争による喪失にも関わらず年齢構成の急激な変化が生じたのである。加えて中間層の貧困化と女性労働力の急増とが労働市場への圧力となっている。またドイツでは旧来の「レントナー」層（地代・家賃・利子生活者）が求職者として現れてきた。こうして労働市場の供給の伸びは生産部門の吸収能力よりも急速になっている。

第四、技術進歩の影響。一般に技術進歩は、生産の低コスト化や利潤の上昇を期待させる。それによって新たな購買力が作り出され、また新たな労働力吸収の基礎も作り出される、というわけだ。だが前回の好況期には以下の二つの事情があったために、この一般的な影響が充分に現れていない。

まず技術進歩は、どの領域で起こるかによってその影響が著しく異なる。一九世紀の鉄道網の建設・拡大は、急速な人口増加と生産増大の基礎となりえた。しかし今回は、新たな投資が新部門の開拓というよりは、従来産業の労働節約に向かうものであって、その構造から見て、イギリスにおける紡績機や織機の導入にも似たものである。つまり工場での省力化と手工業部門の破壊とによって、失業を大きくするという影響をもたらした。

次に技術進歩のテンポの問題がある。急速なテンポで圧倒的な浸透力をもった技術進歩は、減価償却の水準に強く反作用しており、このことが、新たな、追加的資本形成を遅らせることになる。今回の危機の厳しさには、この要因が重要であると思われる。

第五、経済の組織化。技術進歩が生産コストを引き下げ、利潤上昇や価格引き下げを通じて発展の契機をなすという傾向は、組織の硬直化によって否定される。市場を支配するカルテル、コンツェルン、トラストは、価格を固定して高い利潤を引き出している。好況期にはこの利潤の生産への投資はさらなる投資を呼んで好循環を生み出すが、同時に不均衡の基礎も作り出し、自由競争下なら不可能な程度のものとなる。こうして抱えこんだ生産能力は、需要減退期にはその分だけ大きな困難のもととなる。また有機的構成の高度化により、生産制限は固定費分だけ生産コストを引き上げることになる。販売量が減ってもカルテル価格はできるだけ維持され、可能ならば引き上げられる。これがさらに販売量の低下をもたらすことになる。組織された生産は、自由競争でならおよそありえない悪循環に陥ることになり、低い生産水準と高価格から動けなくなる。不況期の低価格によって、痛みは伴いつつも「正常な」経済状態への回復が準備される、という経路には戻れないでいる。

最新の経営が中小工場よりも高コストに悩むという奇妙な結果もある。最近、ベルリーンのパン工場が、小さなパン屋がしかけてくる値下げに耐えられないと言っている。誤った投資の例とすべきであろう。手工業ほどに利潤を実現できず、また低価格で商品の提供をできず、しかも雇用数を減らすような生産組織の矛盾。こうした私的企業家は果たして「社会的資本」の正当な委託者と言えるのであろうか。

第六、賠償支払いの問題。これだけが経済恐慌激化の原因とはいえぬが、たしかにその一因ではある。ヤング案による年一七億RM（ライヒスマルク）という支払い額が国内で投資されたとして、一〇〇万RMの資本が追加的に投資されて一〇〇人を雇用するならば一七万人の労働者を吸収することができよう。賠償額分の投資純増はありえないとしても、一部でも投資にまわれば消費の増加が生じて、少なくとも一定の上昇要因にはなったことであろう。

第七、関税。関税や国際カルテルは、分業の進展を妨げ、商品交換を阻害し、生産コストを高め、とくに独占形成を優遇し、同時に第五で述べた資本の誤った運用を容易にしている。とりわけ関税は国内での著しい搾取の基礎であり、ダンピングや国内高価格水準の維持、輸出奨励を可能としており、かくして人為的な価格関係が作り出されている。強化された保護関税体制が政治的な対立を激化させて国際的雰囲気を悪化させるために、国民経済相互間の不信も強まり、結果として自由な資本の流通が阻止され、国際的に経済恐慌の除去に大きく貢献できるはずの均衡回復運動が妨げられている。

第八、金産出の低迷。イギリスでは、金生産のいわゆる停滞が現在の恐慌に決定的な関連を有している、という見方に多くの支持者がいるが、そうは考えられない。彼らは、金の供給が伸びないために通貨流通と信用量の急速な増加がなされず、世界経済がデフレ過程突入を強いられており、その影響が現下の価格下落である、と主張している。だがこの粗雑な通貨理論に対しては、以下の決定的な異論を挙げておく。つまり、発券銀行の金保有は戦争開始以来、金生産の増加のみならず、金の流通からの退蔵を通じて著しく高まった、という点である。これは本位制の基礎を著しく強化し（ヨーロッパだけで約九〇億ＲＭの金が流通から消えた）、また技術的にも四〇％の準備率とするなら、約六〇億ＲＭ分の金の採掘と同じ効果をもたらすのである。(7)

ここでとくに重要なことは、世界における金の不均等な配分である。一九三〇年一〇月には全世界の貨幣金量総額四八三億金マルク余のうち、フランスに八三億金マルク、アメリカに約一九〇億金マルクが集中した。これは、この分野でも資本主義の古い自動調整機能がもはや作動しないことのしるしである。それはひとつには先に触れた資本・商品の移動に対する障害の可視的な表現にすぎない。貨幣制度に責任を求めるのは逆転した発想だ。その機能はずいぶん改良されており、とくに為替準備は、本位貨幣での支払いを軽減し、現金なき支払い流通の一般化によって企業家間の大量売買を紙券流通から独立させた。また最近の研究でも、ほとんどの発券銀行が多くの「自由準備金」を利用できる、つまり実際の生産への融資を要求された場合には手形信用をかなり拡大しえたことが言われている。だからここにはまだ大きな裁量の余地があって、景気回復の際にも利用できるのである。

要するに、金の生産に恐慌の原因を求めることは問題にならず、不均等配分も現下の困難な事態の結果であって、そこに原因を求めることはできない。

第九、政治状況。とくにドイツの不安定な状況は重要な一因となっている。戦後インフレの起こった国からは資本逃避がみられたが、安定化がなされた国には戻ってきた。新たな政治的不安の強まるたびに資本の移動が見られるが、こうした中では設備投資はなかなか実行されず、株式や長期債券への投資は見送られ、流動性の商い短期債券へと傾く。だがこれはデフレ過程の強化を意味する。現在の資本集積はおよそ投資にはならず、価格の不均衡化作用をもたらすばかりである。こうした混乱は均衡回復を遅らせる原因になっている。

2 展望について(8)

では、脱出路はどこにあるか。理論的には、価格の低落による消費増加以外にはない。失業増加、賃銀低下の時期には、価格低落による実質所得の上昇と相対的な消費増加が、浮揚力となりうる。価格の低落は、生存能力なき企業の清算過程となるのが「正常な」経過である。しかし今日ではもはや自由競争が行われず、あらゆる種類の組織、政府の干渉(補助金)などによって、「正常な」過程は生じない。

ドイツでは基礎資材の価格は下落しない。例えば鉄価格は世界市場でトン当り約八〇RMであるが、ドイツ国内では一三七RMで取引されている。世界市場価格に関税二五RMと運賃五RMを加算した一一〇RMよりもずいぶん高い。企業は八〇RMで輸出し、補助金を受けている。こうして基礎価格が市場状況に適応することが妨げられている。

では、価格低下の要因たる賃銀低下は脱出策たりうるか。この間の著しい賃銀低下によって恐慌がなんら緩和されなかったという事実から、それはありそうもない話だといえる。この賃銀低下がいかなる作用をなすのかを検討しよう。

一、まず賃銀は費用である。基礎的工業では費用のうち賃銀部分が大きいのに対し、完成品工業では小さく、従って賃銀低下による価格—費用の間隙、つまり利潤も小さくなる。このこと自体がすでに誤った作用である。そして賃銀総額の低下は、まず消費財需要の低下と、同時に労働者階級の貯蓄の低下を意味する。

賃銀低下により実現しうる利潤が投資に回されない限り、活況は期待できない。しかし投資熱は冷えきっている。将来の不安が大きいため貨幣市場では長期貸付の金利が低下せず、需要も落ち込んでいる。賃銀の節約分が企業家の消費増になるとしても、それは購買力の移転にすぎず、労働者を犠牲にしても景気回復策とはならない。

二、賃銀低下と価格下落がパラレルに起こる場合。この限りでは価格—費用の間隙の創出や拡大は断念され、経営改善にはならない。ただし賃銀以外の所得範疇に大きな変化がないとすれば、それは相対的に購買力を増すことになり、需要の増加をもたらし、利潤増加も可能である。ただし価格の確実な下落が条件である。

三、すべての社会層の所得が下落し、価格も下落する場合は、国内的には本質的な変化は生じない。唯一の作用は低価格による輸出の強行となろう。ただし他国でも同様の傾向がある以上、ドイツがこれで優位をしめることはできない。

四、価格が賃銀よりも著しく低下するなら、「正常な」恐慌の経過に相応する。徹底した価格下落によって生じる在庫の減少が、損失をともなう生産拡張ののちに、強い上昇の刺激となる。だが現在これが起こる見込みはない。

以上に見たように、景気回復への移行はやはり価格低落によるしかない、という結論に到った。だが今日の国民経済は、市場支配力のある経済部門が強力な地位を占めており、不均衡な状態に押し込められている。

もう一点触れておくべきことは、技術進歩の意義、とくにドイツ大工業の合理化についてである。近年の効率的生産装置では労働力の組織的利用により、雇用労働が増加しないという。例えば石炭採掘では、労働者数が（一九一三年と二九年の比較では）五・五％増加したのに対し、採掘量では一六％の増加、褐炭採掘では労働者数二四％増に対して採掘量は一〇〇％増、である。

理論的想定では、「正常な」経済発展過程にあっては、こうして実現される利潤が新たな雇用を生む資本形成に結び付くか、価格低下による需要増加を引き起こすはずである。しかし実際は、部門内競争があるため設備の高度化が行われて労働需要は上がらず、また他部門への投資もごくわずかであった。

こうした経験から、労働市場の自動的で急速な補整は容易に認められないことが分かった。均衡の思想を動態経済に取り入れたために、あまりに単純かつ調和的な像の提起という誤りが生じたのである。

最近のドイツ経済における大組織の形成は、さらに重要な帰結をもたらしている。つまり工業の経営管理組織が戦前と較べて本質的に変化した、ということだ。大組織が発達して高度な技術をもつ管理職員がそこで高所得を得るために、独立の企業家が現れなくなってきた。職員の官僚化が進行して、わざわざ独立しようとする者がいない。国際的にも保護関税障壁ができあがり、商業政策が自由な雰囲気を殺している。つまり企業精神が高揚しないのである。またそうした商業政策のために、資本輸出による世界市場での需要増加という道が妨げられており、望ましい資本移動が生じない。将来的には国際決済銀行が取引拡張の役を果たさねばならぬであろう。だが、資本過剰と低利子率の国は、自国に資本を束縛しようとしているのみならず、投資先に関する知識ももたずにいる。例えば、フランス資本市場はドイツ商品への需要を有するバルカンの事情を知らずにおり、またバルカンと友好関係を保っているヴィーンは逆に資本をもたない。ここに協調の可能性があり、その実現が望まれる。

さて、こうした事態を前に言えることは、資本主義が自己調整能力を失ったということだ。資本主義は計画経済とは違って、諸条件が絶えず流動しており弾力的であるはずだった。しかし一部の組織が価格固定化をはかり、新部門への投資による労働力吸収と社会的生産物の増加とを妨げている。現在、経営数と就業者数が急速に伸びているのは、およそ非資本主義的な小売業を中心とする商業部門だけであり、ここと若干の修繕業が新企業家の避難所となっていることのうちに、ことの非合理さが現れている。資本主義の恐慌は資本主義的な手段がとられるときにのみ清算されうるのであって、市場法則自体を除去するために生産組織が結合した経済体系にあっては、それは不可能である。社会的生産力の計画的な組織化が不可避となってきつつある。

では、われわれは政治的民主主義を保持し、しかもそのなかで経済的自己支配にまで到ることができるだろうか。ドイツとヨーロッパの運命がおのずと理性的な発展経路をたどるとは信じられない。またマルクスが生産の集中過程のうちに見た社会化された経済に到るには、まだ克服すべき幾多の段階があろう。ただわれわれの運命は、自らが切り開かなければならないものである。

三　レーデラーの位置

ここでは少し広い範囲のなかでレーデラーの学問的立場を検討してみたい。一九二〇年以前の彼の経歴、すなわちヴィーン大学におけるオーストリア学派とマルクス経済学の習熟や社会民主主義的労働運動への関与、『社会科学・社会政策雑誌』(アルヒーフと略す)における労働立法の報告、そして革命期の社会化委員会での活動についてはすでに知られている。(9)

前節で明らかなように、レーデラーは自由放任の終焉した独占期資本主義の危機を対象としていた。戦後の社会化運動の挫折を経験した彼は、性急な社会主義化の道を採らず、ダイナミックな資本主義の本質とその構造的変質とが孕む諸矛盾の検討へと進む。独占による市場メカニズムの阻害、そして利潤追求の無政府性が景気回復を阻んでいるなかでは経済過程への政策的介入を主張せざるをえない。

したがって社会政策における彼の立場は、「講壇社会主義者」とはおよそ異なった国家把握に基づく政策の支持であった。カルテル価格の引き下げや後述する賃上げの支持は、しかしもはや社会政策の固有の問題ではなかろう。また「はじめに」でみたように、技術進歩と失業の関係を理論的に明らかにする作業を負ったけれども、これも理論家の仕事といってよい。繰り返せば「社会政策」論は、時代の諸問題を扱ったレーデラーの多様な活動の一端――とはいえ重要な――であった。以下、そのなかからいくつかを取り上げておこう。

まず戦前から二〇年代以降にまで続く彼の一貫した関心領域は、職員層研究に象徴される社会層分化 Umschichtung の問題であった。彼の職員層論はすでに雨宮昭彦の優れた一連の研究で検討されており、これによって紹介したい[10]。レーデラーは第二帝政期の職員層が「新しい中間身分」を志向した集団とみた。そして彼らが一方で被傭者という自覚から労組的政策をとる団体に結集しつつも、他方で安定した終身的地位にある公官吏をモデルとした労働者とは異なる「中間身分」の地位を確立しようとし、一部には極めて排他的な身分特権を求める動きすらみせていることを確認した。この認識はヴァイマル期に変化する。彼は、職員が資本と労働の仲介者として機能するという幻想が後退しているとして、かつての身分的要因が被傭者的性格に克服されて統一的被傭者階層の形成が起こっていると結論した。ナチス台頭の一九二九年論文でこの認識は再度変わる。レーデラーは、職員が経済的には労働者と同じ運命にあろうとも、そのイデオロギーには社会的ロマン主義や身分世界を志向するファシズムの思想が根をおろしている、とした[11]。こうした研究は、良質の学問的社会分析であったにとどまらず、社会民主主義や労組の運動方針に関わる実践的な性格をもっていたのである。のちの中間層をめぐる議論の中心は三〇年以降のT・ガイガーの諸研究だが[12]、それが孤立的に現れたわけではもちろんない。

マックス・ヴェーバーの死後、レーデラーはアルフレート・ヴェーバー、シュンペーターとともにアルヒーフの編集者となった。彼の理論的関心は、シュンペーター『経済発展の理論』を前提にした景気循環の問題に向かい、信用を重視した独自な景気変動論を構築することとなった。日本滞在中に執筆したとされる「社会経済学要綱」中の「景気変動と恐慌」がそれである[13]。ここで彼は、さきの階層分化研究の成果を取り入れ、マルクス主義的な資本主義経済分析の二階級モデルを修正して、企業者・労働者・農業者・農業労働者・官吏・金利生活者、という所得変動の異なる六階級構成を提起した。そしてそれぞれの所得弾力性が異なることにより景気の諸局面における各階級の分配分が変化することを重要な一要因として、変動のメカニズムが説かれることになる。その意味では彼の社会学的階層分化論は、諸階層の所得の発展が不均等であるということを介して、景気変動論を構成する契機となっている[14]。

さて「景気変動と恐慌」では、上述の諸所得と諸部門の価格の不均等な発展によって変動が説かれるため、永遠の景気循環論と批判されることもある[15]。理論のうえでは「正常な」展開が描かれていたのに対し、レーデラーはこの後に「正常な」展開の起こらぬ危機からの脱出を探らなければならなかった。しかし彼はその手がかりをここですでに提出していた。それは、景気上昇の起動力となりうる追加的信用（＝先行する生産の結果ではない購買力の付与）である。[16] 単なる貯蓄の譲渡でないこの追加的信用は、それを可能とする貨幣・銀行制度の弾力性が条件となっている。この信用の享受者の需要が市場に現れると、生産量の不変な場合にはインフレが起こる。しかし「経済組織の弾力性」によっては追加的な生産をもたらすことになる。弾力性が大ならば価格騰貴が起こっても生産拡張が行われて価格低下の方向に転換するであろう。生産拡張は動態的な経済における技術的進歩の論点とつながるのである。

レーデラーの理論の位置づけについては、彼と近い立場にあったE・ハイマンの記述がある。『経済学説史』の終章「景気波動の体系の出現」はケインズの体系の説明で終わるが、ハイマンは冒頭でこう記した。第一次大戦後の混乱のなかで、均衡の原理とは違った新たな、「資本主義産業の正常な条件としての波動の理論」にいたる原理が求められた。そして「この討論の口火を切ったものは、のちにアメリカにわたってきた一団のドイツの理論家であった」として、レーヴェ、レーデラー、ナイサーを挙げている。[17] ちなみにハイマンは「歴史学派」の章でシュピートホフの景気循環論を紹介し、そこで恐慌の原因に挙げられた事実の説明には動態的理論が必要だが、シュピートホフにはそれが欠けていた、と指摘している。[18]

次に政策上の立場にも触れておこう。いわゆる「カッセル」論争[19]において、スウェーデンの経済学者カッセルが自由主義の立場から労組の独占的な地位を批判し、国家の失業救済事業の無効・有害を訴えたのに対し、いわば真正面から社会民主主義の立場で応戦したのがレーデラーであった。以下、これも雨宮の研究から要約しておく。カッセルの理論から導出される実践的立場は「いずれも企業の資本蓄積に対して桎梏となった労働組合の賃金政策と国家の財政・社会政策を批判して、経済活動に対する国家干渉の排除を要請」するものであった。レーデラーはカッセルの静態的な国際分業観や、「他の事情にして等しい場合」条項を前提した労働時間＝コスト観などを、事実と理論のレベルで反駁した。さらに政策の無効論に対しては、それが資本ファンド一定の古典的静態論だとして批判し、「生産的インフレーション」論と呼ばれた新たな経済政策論を提出する。

それは、前述した「現存する貯蓄」をこえる購買力の創出としての信用の意義を強調するものだった。現にそれは、インフレ的だとしてシャハトらの強い批判のため制約されてはいるが、地方自治体の外国借款を利用した公共事業にみられるものであった。また彼は国内銀行システム内での信用拡大も、新たな購買力にみあう産業構造再編や生産の上昇によって生産・消費の均衡が得られるならばインフレは発生しない、とした。だが独占による市場機能障害や企業精神低下のため、レーデラーは国家の事業に期待せざるをえなかった。

こうして国家は、従来の負担としての失業救済とは異なった、雇用創出↓産業構造の変革↓高次の生産・消費均衡達成、という課題を担うものとされた。カッセルが「社会の総生産から切り離された自主的な購買力という迷妄」と批判するのに対して、レーデラーは、自らが新しい経済政策思想に立つ自覚を込めて、「失業問題の理論的分析の課題は、まさに、総生産に関わる購買力は与えられているとの命題の批判的吟味から、例えば購買力の構造についての問題から始まるのではないか、セーの断言に甘んじてしまうならば、まさにそれこそプリミティヴな経済思想というものではないか」と述べている。[20]

この点でレーデラーは、同じ社会民主主義派のヒルファディンクとは分かれる。両者は国際的な金の偏在を解消することが国際的危機脱出の有効策であることを認めるのは同じである。[21]ただヒルファディンクがこの現実可能性のない原則論にとどまったのに対し、レーデラーは「追加的信用」を評価する側に立った。

最後に、技術的進歩にも一言触れておかねばなるまい。彼は、「はじめに」でふれた人口と資本蓄積の関係を、失業と資本蓄積の問題として理論的に考察した。[22]均衡調和的な「補償説」の検討から始まる彼の研究の結論は、しかし、極めて一般的なものである。「かれは技術の進歩の多くのちがった場合をもらさず研究して、労働者の直接の解雇が一般的な拡張の効果によって相殺されるか否かに従って、技術の進歩が失業にみちびくこともあれば、みちびかないこともあることを見た」[23]というハイマンのコメントは至当であろう。ただしこのことだけでも、補償説に立って生産政策こそ社会政策であると主張する陣営を論駁する理論的可能性を与えている、と言えよう。

レーデラーは、有機的構成の高度化の速度が、労働力需要が供給に遅れるくらいに急速なときには失業が構造的になるとして、速度の問題に注意を向けている。[24]だが資本蓄積によって可能となる技術的進歩は、レーデラーにとって危機脱出のためには望ましいことであった。追加的信用の追加的生産拡大効果が発揮され、新しい産業の創出・産業構造の転換が実現されて、拡大再生産の道を歩むとい

う真の解決のためには、やはり技術的変化が不可欠の要因とされていた。(25)

新旧のドイツ歴史学派は、古典経済学と経済的自由主義の調和観に反発し、経済主体や法・行政・労働等の諸制度が歴史的に変化するものであって、理論の一義的な適応可能性など主張できないことを認める点では一致していた。そこからシュモラーに見られるような、歴史的個別研究によって現実社会への洞察力・政策立案能力の涵養をはかる、という「経済学」のドイツ的なあり方が生まれる。したがって学問的には経済史と経済社会学指向が強化されるのも当然であろう。なかでもゾンバルトとヴェーバーは近代社会の経済体制を資本主義と捉えて、その「精神」の研究や構造的特質、経済社会学的研究に傾斜し、とくにヴェーバーはこの合理化・物象化された世界の意味を問うようになった。狭義の経済理論への関心はそこでは放棄された。だが社会政策学会のような場面で、補償説や均衡理論では説けない現実問題を理論的に扱うためには、動態論的なマルクスの経済学やシュンペーターの「発展」論など新たな理論展開の動きとの連携が要請されていたはずである。二〇年代、三〇年代の理論を考えるとき、現代の理論にどの程度まで接近していたかという評価基準のみならず、過去との連続的な問題の質を問うことも必要であろう。レーデラーの位置づけにあたっては、理論問題に限られぬだけに、とくにこの両方の視点が必要であろう。

四　アウタルキー批判

世界の交易の縮小と高失業率という危機的局面をむかえて、ドイツではまたアウタルキー政策を求める声が強まった。一九三二年九月の社会政策学会ドレスデン大会ではこれが取り上げられ、レーデラーは批判の立場から報告を行った(26)。以下、それを要約紹介しよう。

アウタルキーの運動は二つの目標をもち、ひとつは再農業化、もうひとつは広域経済圏の創出である。運動は両者を矛盾なきものと主張しているが、双方を検討してみよう。

まず広域経済圏という主張について。これは中欧・東南欧諸国をドイツとともに大統一経済領域にまとめようというものである。だがこの数年の発展傾向はこの種の広域経済には向かっていない。この地域とドイツを介するオーストリアの地位が低落したので、外見的にのみドイツ商品の伸びが現れているにすぎない。ドイツとこれらの諸国との貿易収支を分析すると驚くべき結論に達するのだ。

チェコスロヴァキア、ルーマニア、ポーランド、オーストリア、ハンガリー、ユーゴスラヴィア、トルコ、リトアニア、ラトヴィア、ブルガリア、エストニアからの輸入はドイツの総輸入の一四・一％、これら諸国への輸出は一四・九％であった。ある地域との貿易を二分の一とか三分の一増加させるのがどういうことかを知っている人なら、ドイツの貿易の重心をこれらの国に移そうという考えがいかに空想的かが分かるだろう。枢密顧問官ゼーリンクがそう述べていたけれども、そう言える自信はどこに根拠をもっているのか、およそ理解できない。またこの地域では、ドイツの指導権のもとで統一しようというような政治的諸力も認められない。

次に再農業化について。これを主張するものは、食糧（穀物・飼料）輸入の比率のみを見て、原料については問題にしない。主張は農村人口比率の引上げを言っているようだが、それは非現実的であり、ドイツの伝統にも反する。ドイツは戦前からすでに工業化路線を選択したのである。経済政策は、急激な人口増加と工業建設に有利な諸条件があったなかで都市的＝工業的発展の軌道に入っていたのである。経済政策はアウタルキーなど指向したことはなく、逆に、保護関税体制や輸入証明などの人為的な手段で国内価格水準を高位に保って工業の維持を図ってきた。生産の上昇は世界市場水準までの価格低下を不可避とするものである。

この間の発展傾向による構造転化がアウタルキーに接近しているのかを吟味しておこう。たしかに農産品輸入は、量およびとくに価額で減少した。だが食糧・嗜好品の輸入は一九三一年一月でも戦前と同様に全輸入の四〇%にのぼる。国内生産の低下とかなり比例的に全輸入が減少しているのである。

農業生産の増大は生産性上昇で達成される限りは歓迎すべきことだが、国内市場の購買力の限界に行き当らざるをえない。生産コストを低下させて立ち直りに向かわせるためには、補助金が望ましい。成果を望める部門に時期を限った補助金は育成関税の機能を果たす。これに対し関税引き上げ策は、国民経済的に有害である。内外価格差をさらに大きくするからだ[27]。戦前の穀物関税が世界市場価格の約二〇％であったのに対し、今日では三〇〇％へとはね上がっている。アウタルキー批判者は、ドイツ農業の発展を拒否しているのではなく、農業の発展が正常な道を通るべきであって、市場の崩壊を通してではいけない、と主張しているのだ。

一九三一年五月には失業者が四〇〇万、生産指数が（一九二八年＝一〇〇として）七四、三二年五月には失業者五五〇万、生産指数五八、となった。指数は二一％の、就業率は二八％の減少である。同時に輸入量も二一％、輸出量も三三％減少した。つまり現在は縮小過程にあるのだが、アウタルキーへの進展ではない。一九三一年の世界貿易は二九年水準を価額で四〇％、量で二〇％下回ったが、主要国での生産も同程度に低下したのであり、「世界経済の構造的分断」が生じたのではない。貿易の収縮は第一次的な発展傾向ではなく、従属的なものである。

そのなかでドイツのおかれた状況を考えると、次の二つの命題を主張できる。（1）ドイツの貿易は輸出がとくに過敏である。（2）ドイツの貿易構造は、輸入の制約が輸出にかなり大きな犠牲を課す、つまり貿易赤字を招く。すこし詳しく考察しよう。

まず（1）について。ドイツの輸出のうち完成品一般は一九三一年に六二億マルク、総輸出の三分の二にあたり、さらに工業中間財二〇億マルク近くが加わる。原料と半製品の輸出は三分の一にすぎぬ。つまり輸出は、外国との競争の激しい部門が中心となって、過敏さを増している。各国の工業化は輸出をむしろ促進してきた。ドイツの生産の専門化と需要への適応はすばらしいものがあり、危機のなかでも前進してきた。だがそれは特殊な環境のおかげだったのであり、しかも輸入がドイツの輸出の不可欠な前提をなしている。

イギリスの機械輸出の価額は一九一三〜二九年に七億二一〇〇万マルクから九億二五〇〇万マルクへの微増であったのに対し、ドイツは同時期に七億から一四億マルクに上昇した。この数字からだけでも、ドイツが世界市場の転換にうまく適応しえたことが分かる。エンジニアや商人の適応能力の高さと良質で相対的に安い労働力が主な原因だ。税・社会負担や利子率が高かったことから、賃銀の低さはそれだけ著しかった。だが労働力の質の保持を考えればこの低賃銀水準は長期的には維持されない。また国内の穀価水準が世界市場からますます離れて、競合国での低穀価による賃銀低下がドイツを脅かすことにもなり、競争の激化はまぬがれない。

つまり、ドイツの輸出はこの数十年に著しく専門化し多様化した生産装置と輸出企業に大きく負うている。完成品、とくに生産手段の販売は、市場調査や競合者との差別化などにおいて、原料や半製品よりもはるかに高度な知識や熟練を必要とする。しかも輸出商品は多数の個別品目の集積である。だからドイツは輸入することで、こうした競争力をもつ製品の輸出を可能としているのである。輸入削減でこの過敏なドイツの輸出のうちの何が残るのか、だれも答えていない。

次に（2）に関して。まず工業化の進展がドイツに危険な競争相手を創り出す、という命題は誤りであることから確認しよう。ドイツの貿易黒字の七三％（一九三二年）は、イギリス、オランダ、フランス、スイスとの交易から生まれている。また例えばロシアや中国のような農業国では、基礎的部門と機械化の進んだ大工業がまず成立する。だが中間諸部門は欠如しており、生産諸部門を維持するためだけにも無数の個別諸部門の工業製品を輸入せざるをえない。工業化過程が豊かな輸入（ドイツにとっては輸出）可能性を孕むことは経験的に知られている。

さて工業国のほうが農業国よりも工業生産物需要が大きいことも知られている。また同様に工業生産物の国内市場とは、主として都市であり、農村ではない。そして農業技術・生産力の発展が成功すれば、就農人口の減少とともに農業部門の購買力は相対的に減少し、また工業化進展につれて食糧費支出の比率も低下し、その支出も食品加工業の製品に向かう分が増える。こうした関連を見れば、世界の工業化により工業生産物の市場が収縮している、などと言うことは誤っていることが分かる。逆に、アウタルキー化による世界市場の喪失部分を国内農業部門の市場深化で代替しよう、という考えも不可能であることが分かる。ドイツ農業が低価格の輸入品で大きな打撃を受けているのは確かだ。しかし、アウタルキーを夢想して外国の競争を締め出すなら、それだけ輸出路を閉ざすこととなり、国内生産を収縮させて失業を増やし、自国の市場をも弱体化させてしまうであろう。

そもそもアウタルキーの思想は中国のものである。中国は自国国境内にすべての必要な生産を備えた事実上のアウタルキーであり、外からの影響を意図的に拒絶した。なぜならそれは自己の完結した世界を脅かすだけだったからである。イギリスとの通商条約締結も中国の皇帝に言わせれば、西側の野蛮人どもが自分のところで生産されない磁器や絹、茶などへの強い欲求をもっていることは承知しており、中国は同情して欲求をかなえさせてやるために条約を結んだのだ、ということだ。これはおよそヨーロッパ的な態度ではない。ヨーロッパはつねに諸民族の多様性のなかの統一性が支配する大陸であって、互いに精神的にも経済的にも決して孤立することなく交流を続けてきた。アウタルキーは経済的消耗、生産縮小、貧困化、政治的弱体化をもたらすが、加えて、交流の切断は精神的コミュニケーションと国境を越えた人間の移動をも終焉させることになる。経済のみならず、心と魂の歪小化をもたらすアウタルキー思想とは、断固として戦う。

五 おわりに

以上の要約の最後の部分は、レーデラーの個人的体験に基づく心情の吐露ですらあろう。翌三三年、彼は亡命する。また社会政策学会叢書も、この議事録を掲載した巻の次の、学会の歴史を綴った第一八八巻をもって終刊となった。学会自体がナチスによって自主解散に追い込まれたのである。(28)学会最後の大会テーマが「アウタルキー化」だったのは歴史の皮肉ではないか。一八九〇年代の工業化論争や第一次大戦期の「中欧」構想論で東部内地植民論を掲げたゼーリンクがここにも登場していた。そしてナチスのアウタルキー政策（追い込まれた現実策としてではなく、政策思想としてのそれ）は周知のところだ。これはドイツ史の連続性を物語る一面であろう。しかし同時に学会がナチスによって解散に追い込まれたという事実は、断絶面を示すことになろう。公共的意思形成のための討論や社会科学的営為は、それが自律的活動領域として残ろうとする限りはナチスと衝突するのであり、したがって学会は自主解散の道を選んだ。この断絶面を見なければ、ナチス論は一面的となろうし、同時に社会政策学会の歴史的な意味も充分には捉えられない。

注

（1）田村信一「グスタフ・シュモラーとドイツ歴史学派」（経済学史学会編『経済学史――課題と展望』九州大学出版会、一九九二年）、一二四頁。

（2）大河内一男『独逸社会政策思想史（下）』青林書院新社、一九六九年（初版一九三六年）、七九頁。

（3）ちなみに服部栄太郎『賃銀政策論の史的展開』（初出一九四八年）では、レーデラーは最後には賃銀切り下げを認めて「ついにドイツ社会民主主義賃銀政策論の戦後的形態の転落過程を終結せしめる」人物として描かれる（『服部栄太郎著作集 Ⅲ』未來社、一九七一年、二〇〇頁）。

（4）例として一九二四年原著発行の教科書『リーフマン経済学原論』（宮田喜代蔵訳、同文舘、一九二七年）ではこう書かれている。「社会政策は国家の干渉によって労働階級を助長せんとする政策を包括している。この外に又中産階級政策を云々するものがある。それは特に大経営に対して小工業及び小商業を保護するために、国家が干渉を加えることを意味している」（二九九頁）、「社会政策の要求は大部分既に実現された為、経済学に於て一方的に社会政策のみを顧慮するということも今日ではなくなった」（二八三頁）。

（5）Emil Lederer, Wege aus der Krise. Ein Vortrag, Tübingen 1932, in Lederer, *Kapitalismus, Klassenstruktur und Probleme der Demokratie in Deutschland 1910–1940*, Hrsg. von Jürgen Kocka, Göttingen 1979. この論文を分析したものには、雨宮昭彦「戦間期ドイツ経済における『相対的成長障害』論の射程——ヴァーゲンフューアの議論をめぐって」（『経済と経済学』第七三号、一九九三年三月）がある。雨宮はレーデラーの「分析の基礎に、一九二〇年代から恐慌期に至るドイツ資本主義のなかに経済の構造転換の芽が胚胎されていたという、まさにヴァーゲンフューアと共通した現状認識があったことは、殊に注目に値する」（六一頁）としている。

（6）Kocka（Hrsg.）, S. 210–20.

（7）ライヒスバンク法では、銀行券に対する四〇％の準備と、うち金が四分の三以上であることが義務づけられていた。R・シュトゥッケン「ライヒスマルクの創設、賠償規制と外債、景気情勢」（ドイツ・ブンデスバンク編『ドイツの通貨と経済——一八七六～一九七五年（上）』呉・由良監訳、東洋経済新報社、一九八四年）三〇九頁。これから計算上では、最高で六三億の金純増効果となる。

（8）Kocka（Hrsg.）, SS. 220–31.

（9）レーデラーの経歴については簡単に紹介したことがある。小林純「エミール・レーデラーのこと」（『創文』第二二四号、一九八四年五月、本書所収）。社会化委員会については、美濃部亮吉『敗戦ドイツの復興過程——第一次世界大戦における』東洋経済新報社、一九四八年、第二章を参照のこと。

（10）雨宮昭彦「職員層とナチズム」（『千葉大学経済研究』第五巻第一号、一九九〇年八月）、同「第一次大戦前ドイツ商業職員の『移動』と社会的系譜」（『経済と経済学』第六一号、一九八八年二月）、ほか。「職員層が左派系労働組合の志向する方向から再度右翼的方向へ、そしてナチズムの社会的支持基盤へと転換していくワイマール期の状況がレーデラーの職員論には率直に映し出されている」(「社会的系譜」二〇三頁)。〔追記 雨宮昭彦『帝政期ドイツの新中間層』東京大学出版会、二〇〇〇年、を参照のこと〕

(11) 三度目の変更が『大衆の国家』(青井・岩城訳、東京創元社、一九六一年)に見られる。

(12) 例えば、八林秀一「ドイツ中産層の歴史的把握をめぐって」(『専修経済学論集』第一三巻第二号、一九七九年三月)。

(13) 泉三義『レーデラー「景気変動・技術的進歩と失業」』(春秋杜、一九五〇年)は、前編で『景気変動と恐慌』に、後編で『技術的進歩と失業』にそれぞれ詳細な批判的検討を加えている。なお日本滞在中の事跡については、Wolfgang Schwentker, Die Japan-Studien Emil Lederers.(『立教経済学研究』第四四巻第三号、一九九一年一月)を見よ。

(14) 泉、前掲書、一三〇〜一頁。

(15) 同右、一四九〜五〇頁。「……彼の理論的立場においては、機械的、永久的に景気の循環運動がくりかえされなければならない。……このような楽観的理論においては、技術の革新を含む生産力の発展に必ずしも位置をあたえる必要はない」。

(16) 同右、一一四頁以下。

(17) ハイマン『経済学説史』喜多村浩訳、中央公論社、一九五〇年、三五五頁以下。

(18) 同右、二八二〜三頁。

（19）雨宮昭彦「両大戦間期ドイツ資本主義の産業構造変化と社会階級」（『土地制度史学』第一四三号、一九九四年四月）、同「両大戦間期における経済秩序・経済政策思想の革新（1）（2）（3）」（『千葉大学経済研究』第一〇巻第三号、一九九五年一二月、第一〇巻第四号、一九九六年四月、第一一巻第二号、一九九六年九月）。雨宮は戦後ドイツの経済秩序の源泉を探って、「西ドイツ戦後資本主義経済秩序を両大戦間期以降のドイツ社会経済史の長期的な展開のなかに位置づけ」る作業を行った。雨宮はその中で、一九二〇年代の「リベラルな社会主義」グループと論争した経済的リベラリズムには恐慌を画期に決定的な転換が生じてその後の「ネオ・リベラリズム」派が生成したこと、そして両派がともに従来とは異なる「国家干渉主義」を抱き、それぞれの経済政策上の選択肢を提出したこと、を説いた。一九二六〜二七年に行われた「カッセル」論争は、この当時の両派の認識を示す重要な意義をもつものとされている。〔追記　雨宮昭彦『競争秩序のポリティクス』東京大学出版会、二〇〇五年、一章を参照のこと〕

（20）雨宮「革新（2）」二一三頁。

（21）ヒルファディンクの立場については、F・リスト協会主催で一九三一年九月に行われたライヒスバンクの信用拡大をめぐる「緊急秘密会議」の記録を紹介・分析した藤本建夫「大不況と経済政策論争」（『甲南経済学論集』第三四巻第四号、一九九四年三月）を見よ。レーデラーのこの認識と、にもかかわらずその可能性のないことの認識は、例えば、Lederer, Die Lähmung der Weltwirtschaft, in *Archiv für Sozialwissenschaft und Sozialpolitik*, 67. Bd, 1. Heft, 1932, SS. 27–8.

（22）Emil Lederer, *Technischer Fortschritt und Arbeitslosigkeit*, Tübingen 1931.（高山洋吉訳『技術経済学（上巻）』科学

主義工業社、一九四二年)。

(23) ハイマン、前掲書、三五六頁。

(24) レーデラー、前掲書、一〇二頁。

(25) Lederer, Die Lähmung, S. 24, 28.

(26) *Schriften des Vereins für Sozialpolitikt*, Bd. 187, 1932. Zitat aus: Kocka (Hrsg.), SS. 199–209.

(27) 市場の価格関係を左右する政策をきらって補助金策を採るというこの論法は、現在の社会的市場経済論者と同じである。

(28) 大河内、前掲書「補論三　独逸社会政策史に関する若干の資料」(初出一九四〇年)。

VI　ヴィーンのオットー・ノイラート

――一九二〇年代の実践活動

一　はじめに

「マルクス主義はマルクスを批判し、彼から離れることもある」[1]としたオットー・ノイラートは、正統派が己には慎重に禁じていた将来社会の構想を描く作業に手をそめた。社会主義社会のデザインはもっぱら非マルクス主義的社会民主主義者たちの課題であり、しかも彼らは正統派から修正主義、改良主義などと呼ばれた。だが、彼らが状況の局面に応じた課題にいかなる展望を込めた答を出そうとしたのか、については、ドグマによるのではなく、歴史的な眼で評価することが必要である。

第一次大戦中の戦時経済体制は、私的所有の上で利潤動機をもって営まれる市場経済に大きく手をつけるものとして、資本主義に代わる経済運営を模索する者たちに一つのヒントを与えた[2]。戦前より「戦時経済」の研究を始めていたノイラートにとって、当初のドイツの統制経済の一時的成功は、集権的経済統制の実践というまたとない観察対象であり、彼は、オーストリア陸軍省内にこうした経験の蓄積を目的とする戦時経済部局を設置させることに成功する[3]。のちに『戦時経済を通じて自然経済へ』に収録される一連の論稿を発表した彼は、戦時中に「戦時経済論」の専門家と見なされるようになる。彼の議論がヴェーバーやミーゼスの反論を呼び起こし、後の「経済計算論争」が展開されてゆくことになるのはよく知られている[4]。

このノイラートの人物像はあまり知られていない。しかし、戦時中のわが国で彼の著作が邦訳紹介されている。また「ヴィーン学団」の一員、しかもその命名者として、彼の名はカルナップとともに科学哲学の領域で比較的知られている。社会科学の領域では、上記の「戦時経済・自然経済論」と、ドイツ一一月革命期の「社会化論」でわずかに名を残しているにすぎぬ。本稿では、これまであまり紹介されることのなかった一九二〇年代の「赤いヴィーン」を演出した、というよりも体現した彼の実践活動を追ってみよう。マイナーな人物であるだけに、まずその生涯を次節でやや詳しく紹介する。

二　その生涯

彼は一八八二年一二月一〇日にヴィーンで生まれた。(5) ヴィーン、ベルリーンに学び、この間、数学から経済学へと専攻を移す。一九〇六年、ベルリーンで経済学博士号を取得した。翌年アンナ・シャピレ（一八七七〜一九一一年）と結婚、一九〇七〜一四年、ヴィーン新商業アカデミーの教員を務め、妻とは経済学教科書の共著もある。一九一一年、長男パウル出産直後にアンナが死亡した。翌一二年、ハンス・ハーンの妹オルガ（一八八二〜一九三七年、一九〇四年に失明、ギムナージウム時代からのオットーの知り合いで数学者）と結婚。一九一四〜一八年、兵役に就く。一六年に前記の陸軍省戦時経済部局を設立させ、またライプツィヒの商業会議所の企画した経済博物館の館長に任命されたが、敗戦で挫折した。

一九一七年、ハイデルベルク大に職位請求論文を提出した。一八年の夏学期には同大学で三つの講義を行なうことが予告されたが、これは軍務のため行なわれなかった。

戦後ノイラートは、バイエルンの首相クルト・アイスナーと大蔵大臣エトガー・ヤッフェに会い、社会化構想について議論した(一九年一月二三日)。この機会に彼は、ヤッフェの提案で、ミュンヘン労働者評議会で「社会化の本質と方法」と題する講演を行なっている。その後、ケムニッツでザクセンの社会化案の作成を行なっていたが、アイスナー殺害後、ヤッフェに請われてミュンヘンに赴き、ミュンヘン政府(ヨハン・ホフマン首相)に対してバイエルンの社会化案を提出した。そして一九年三月二七日の閣議では、ノイラートが中央経済局長に就くことが決定された。「社会化論者」ノイラートの活躍の時期である。[6] しかし四月の動乱の後にノイラートは逮捕され、大逆幇助罪で一年半の禁固刑の判決がくだった。この時の裁判で、マックス・ヴェーバーがノイラートの人物証言に立ったことは知られている。[7]

彼の逮捕には分かりにくいところがある。四月七日の「第一」レーテ共和国成立でバンベルクに退避していたホフマン政府軍が一三日にミュンヘンに入ったとき、ミューザムらとともに逮捕された彼は、ただちに警察署長によって釈放された。翌一四日にはオイゲン・レヴィネらコミュニストが政権をとるが、この「第二」レーテ共和国は月末には終わりを告げた。そしてこの政権指導者の逮捕、裁判がつづく。五月半ば、ノイラートも逮捕され、裁判にかけられた。レヴィネは死刑、ミューザムは懲役一五年である。[8] 大逆罪は「第二」共和国指導者に対する罪状のはずであった。エルンスト・ニキッシュによれば、中央経済局は合法的な組織であり、ノイラートは他の官吏と同様に業務を続けた。だから彼の仕事を「第二」共和国と結び付けるのは誤りなのに、そうしたのは純粋に感情の問題だった。「なぜならバイエルンの中産層がそれを革命的と考えたからだ」[9]。

彼の次の活動の舞台はヴィーンに移る。トライブは「ミュンヘン・レーテ共和国に関与したことについて彼に下された有罪判決は結局執行されず、一九一九年夏、ヴィーンに戻った彼は、そこでただちに労働者の住宅建設運動やその他の計画に携わるようになった」[10]と記す。なぜ刑は執行されなかったか。まず彼の裁判をニュースで知ったヴィーンの友人たちが、当時の外務大臣オットー・バウアーにノイラート救出に動くよう働きかけた。バウアーは六月三〇日付けで、彼が本質的に非政治的な人物であることを強調する意見書を、彼の弁護人に裁判で利用してもらうために作成した。バウアーはそこで、ノイラートはその社会工学的計画を携えてハプスブルク帝国陸軍省、ブルジョワと社会主義者の連立政権、レーテ共和国に良心的に仕えたのであり、性格の異なる権力下で計画の実行を目指すという政治的な誤りはあっても、それは刑法上の犯罪行為ではない、と記した。

七月二五日の判決の後、弁護人は八月三〇日付けの書簡でオーストリア政府高官に、政府がノイラートの赦免嘆願書を作成するよう要請した。その結果、四万マルクの保釈金とドイツ国境内に入ってはならないという条件でノイラートは釈放されることになった。九月二一日付け文書には、事が終了した旨が記載されているという[11]。

こうしてヴィーンに戻った彼は、二〇年から共同経済研究所事務局長を、二〇〜二五年には「オーストリア住宅地・小菜園主連合」書記を務めた。この間、二三年にはヴィーン新市庁舎前広場で住宅野外博覧会を開き、二四年には住宅・都市建設博物館を設立する。彼は翌二五年にこの博物館を拡充した「社会経済博物館」を開くが、これは三四年まで続いた。この活動と併せて、展示用の視覚統計に始まり学校教育にまで応用できる「ヴィーン方式」の統一的な図像の考案・開発を行なう。二四年頃からは「ヴィーン学団」の積極的なメンバーとして、二八年のマッハ協会の設立や統一科学運動を中心的に担っている。(12)

一九三一年には図像統計表示の専門家としてモスクワに招待される。(13) 以後、毎年六週間そこで仕事をすることになった。同年八月、アムステルダムで開かれた「経済社会計画世界会議」では多数の図像スライドを用いて講演「現代世界の生産能力の成長」をおこなう。彼の名前と図像教育がオランダでよく知られることとなった。三四年の「二月闘争」のときには警察が何度も家にきたが、彼はモスクワ滞在中であったため逮捕を逃れた。この時点でそれまでの形態での博物館活動は終わりとなった。彼は館員マリー・ライデマイスター（数学者クルト・ライデマイスターの妹）から急変の知らせをうけプラハまで行き、そこで妻子と会って善後策を相談し、オランダに亡命した。数カ月後には妻とマリー、またゲルト・アルンツを含む三人の博物館の協力者もオランダに着いた。この地で協力者を得て、図像表示の開発・作成のための仕事場をもった彼は、アメリカの児童百科事典の仕事依頼や、メキシコから博物館展示指導のための招待などをうけた。一九三九年には『現代人の形成』をニューヨークの出版社から出している。(14) 三七年、妻オルガは腎臓手術で死亡した。

図像統計の「ヴィーン方式」が時代に合わなくなり、マリーとオットーはそれに代わるものを開発し、またISOTYPEなる名称を考案した。ギリシア語のisos（等しい）とtypos（印、形）からの造語で、併せてInternational System of Typographic Picture Education（国際図像教育制度）の略語という意匠をこらしたものでもあった。そしてアルンツがそのシンボルマークを作成した。『現代人の形成』の図版の多くには、隅にこのマークが掲げられている。

一九四〇年五月、ドイツ軍が侵入し、道路が封鎖されたなかを、ノイラートとマリーは港から五〇人ほど載せた二五人乗りの救命ボートで脱出し、燃料切れ後の漂流中に好運にも英国艦に救出され、ドーヴァーに運ばれた。そこから敵性外国人としてマン島に抑留された。哲学者スーザン・ステビングを中心とした知識人たちの救出嘆願の努力（アインシュタインの書簡もあった）の結果、四一年二月末に解放された。G・D・H・コールの援助でオクスフォードに移ったノイラートはマリーと結婚し、二学期間「論理的経験主義と社会科学」の講義を行なった。図像統計の研究も再開して、新たに「アイソタイプ研究所」を設立し、ステビングを所長に迎えた。そこでは図像統計を歴史書やドキュメンタリーフィルムに応用する仕事が行なわれた。中断していた「統一科学百科」の仕事も再開された。計画では、それぞれ一〇本のモノグラフからなる全二六巻と、図像統計を主とする「図説世界鳥瞰」一〇巻、それに序の二巻が予定されていた。序に収録予定の論文の多くはすでに印刷されており、ノイラート自身の「社会科学の基礎」も一九四四年には出来ていた。

終戦直前には、スタッフォードシャの小工業都市ビルストンがスラム再開発事業の相談役として、ヴィーンでの活動経験をもつノイラートを誘った。市当局は、スラムを近代的な菜園都市に作りかえるのに、技術的観点のみならず、将来の住民の人間的・社会的な要求や需要も考慮して計画を立てたい、と望んだのである。彼は「助言する幸福の社会学者」と言われたり、新聞に「幸福の荷を背負った人」と書かれたりした。彼は、戦後まもない一九四五年一二月二三日、オクスフォードの自宅で死亡、六三才であった(15)。

三　ギルド運動

まずノイラート帰国時のオーストリアの状況を、革命の指導者オットー・バウアーの名著『オーストリア革命』によって見ておこう(16)。敗戦処理が混乱するなかで生じた革命的状況で政府に参加することとなった社会民主党は、労働者のデモを背景に帝政から共和国への移行を指導した。しかし終戦とともに生産活動は大幅に停止した。チェコスロヴァキアからの石炭供給が絶たれ、革命状況のなかで軍の運営指導者が放逐されて規律が崩れ、労働者は食糧不足と過労で労働意欲を喪失していた。資本主義への信頼が揺らぎ、中・東欧諸国の一連の社会主義革命が始まった。とくにドイツでは「社会化」の実験と理論的検討がはなばなしく行なわれた。

オーストリアでは、一〇月革命で社会福祉省の大臣となったフェルディナント・ハヌシュがこの省を労働組合の執行機関に変える働きをみせた。まず失業者の増大と帰還兵の雇用の問題があった。企業家・労働者の同数代表による産業地方委員会を設立して、職業紹介や解雇の阻止、復員者再雇用を強力にすすめた。また八時間労働日の導入も、経営者の抵抗の少ないこの絶妙の時期に成功した。まずは一八年一二月に時限立法として工場にのみ、次に一九年一二月には一般に導入された。加えて年次有給休暇を一般に一〜二週間、若年労働者には四週間保証した。国民の健康回復のためには、カトリック勢力も、年間に散在する休日を譲歩してこの連続した休暇の導入に賛成したのである。

だがこうした社会政策をこえた「社会化」が時代の標語であった。この言葉は、官僚にとっては国民経済の国家的組織化・規制を意味した。労働者にとっては自らが生産の運営に関与すること、経済活動で企業家の道具ではなく産業を共に支配することを意味した。一九年二月の選挙の後に社会化委員会が組織され、バウアーが議長に選ばれた。そして五月に経営評議会立法が実現した。オーストリアのこの法律は、企業家に職場委員の承認を義務づけたが、経営評議会の権限を細かく規定していないため、その活動は労働者や組合の力量にかかっていた。あらゆる経営体にこの制度が浸透したが、経験不足の事態も生じた。しかし混乱した時期だけに重要な任務を帯びた経営評議会の権威は急速に高まった。当初、職場の労働規律の回復が問題であった。復員した労働者たちは精神的にも病んでいた（同書一三九、一七五、二七九頁）。革命の熱狂のなかで現場の労働規律を回復することは、まさに経営評議会の影響力によってのみ可能であった。この事実を実践を通じて企業家に認めさせることにより、評議会は権限と威信を強化していった。

さらに食糧と石炭の調達という課題にも取り組んだ。最初は労働者の消費組合と協力して食糧・燃料の供給を組織し、さらに炭坑地区で工場や学校の石炭供給のために鉱山労働者に日曜労働を決意させるなどの活動を行なった。こうしたなかで経営評議会は独自の事務局をもつ大管理組織へと発展する。さらに図書館や職業教育の組織も行なった。初めのうちは労働者と職員の協力に問題があったが、これも徐々に克服されていった。

バウアーはこうした経営評議会の活動から、以下のような結論を引き出している。ロシアの例は、革命後に初めて試みられた民主的経営制度が官僚主義的国家資本主義に屈伏せざるをえなかったものであり、労働者が自己統治能力を修得しなければ、企業家の専制主義を官僚の専制主義にかえただけの官僚主義的国家社会主義しか実現できないことを示している。働く者の自決権をその労働過程のなかで実現する民主主義的社会主義は、労働者が生産を統治できるときに初めて可能となる、と。そして経営評議会をこう位置づける。

「経営評議会は、生産過程におけるプロレタリアートの自己統治の偉大な学校として、社会主義的生産様式の前段階である。それ故、経営評議会の成立と発展は、社会主義的社会秩序をめざす発展にとって、官僚的に支配する国家経営または市町村経営以外に何ももたらさない暴力的な強制収用よりも、はるかに大きな意義をもっている」(同書二四八頁)。

戦時経済は、バウアーによれば、軍事的国家官僚制とシンジケートに統合された資本支配の同盟による暴力的な労働者階級に対する支配であった。そしてこの資本主義的企業家に対する労働者大衆の反抗の成果が経営評議会の機関であり、国家官僚主義支配に対する反抗の成果が職員代表機関体制である、という。だがこの二つの機関に満足しない大衆は、工業の社会化を迫った。資本主義でも官僚主義でもない経営体制の創出が問題となった。バウアーは、コールの提唱するギルド社会主義[17]やロシア・ボルシェヴィズムの独創的組織計画を、「全体の代表者である国家と社会化された工業部門に従事する労働者、職員の特殊利害の代表者である労働組合の協力のうえに、社会化された工業を管理する」ものと捉え、これに同等の権利をもつ消費者組織の協力を加えたものを構想した。いわく「私は、すべての社会化された工業部門は、工業部門で労働する労働者・職員の代表、生産物を消費する消費者の代表、そして生産者と消費者の相対立する利害の仲裁者となる国家の代表者によって構成される特別な管理団体によって管理されるべきであると提案した」(同書二四九〜五〇頁)。この種の提案は、労働者の社会化運動が起きたどの国でも見られたが、すべて単なる計画にとどまり、オーストリアでのみ計画の実現が見られたのである。

バウアーは社会化委員会において、経営評議会法案とともに共同経済法案を提出した。一九年七月に議決された後者に基づいて、戦時経済解体後の新たな企業形態が模索された。共和国が軍事国家から引き継いだ多くの大経営の指導は、「国家工業施設理事会」に任されたが、「官僚的指導部は、戦時経済を平和生産へ転換することを理解できなかった」（同書二五〇頁）。企業精神が麻痺し、指導部が資材の横流しで資産を略奪し、貨幣価値下落により企業施設の評価が不可能となって譲渡もできぬ状態のなかで、経営評議会の積極的参加だけが国民の財産を守る道であり、労働者による経営権力掌握が進んだ。この状況下で新たな公共的企業形態を実践する必要性が高まった。

第一号の「共同経済企業」は小規模なもので、「皮革・靴連合工場」であった。国家が修復したブルンの靴工場に、オーストリア消費組合の大購買会社と、農民消費者の代表である農業生産物流通所とが経営資本を出資して生産物の販売を引き受けた。この企業設立は大きな成功をおさめ、さらに第二号「オーストリア薬剤所」も成功し、運動継続のはずみとなった。バウアーはさらに、戦時国有経営全体が共同経済企業へ譲渡された例（オーストリア製作所、シュタイエルマルク車輌製作所）、新たな要求に応じた設立の例（公共集団住宅地・建築資材企業、木材市場）、法的には株式会社だがそれらと類似した構成の例（ヴィーン木材・石炭会社）を挙げている。とくに旧ヴィーン兵器廠のオーストリア製作所と、公共集団住宅地・建築資材企業（Gemeinnützige Siedlungs-und Baustoff Anstalt,‘GESIBA’）は有名であった。[18] 一九年一〇月に第二次連合政府が組織されて、バウアーが社会化委員会議長を辞めた後も、この活動は続けられた。

さてヴィーンに戻ったノイラートは、まもなくバウアー夫妻の仲介で、新たに設立された共同経済研究所の事務局長に指名された。この研究所の課題は、共同経済に関するあらゆる問題についての啓蒙の拠点として活動し、また諸外国の経験を国内に知らしめることにあった。共同経済企業では建設関連のものが目だっているが、この領域では戦後のヴィーンに独特な運動がみられたのであり、ノイラートはその組織化にのりだした。この運動にはいくつかの異なった要素があわさっていた。それは、小菜園運動、住宅地開発・住宅建設、建設労働者運動、住居賃借者の運動、である。

まず小菜園運動がある。[19] 欧州の都市では集合住宅に住む市民が、郊外に小菜園をもち、果樹や野菜を栽培して楽しむ習慣が育っていた。提唱者のドイツ人医師シュレーバーの名にちなんで「シュレーバー・ガルテン」と呼ばれている。オーストリアでは、英独のように普及していなかったが、戦時中の窮乏のために市民が都市周辺の土地を野菜栽培のために利用し始めた。ヴィーンの周りでは四百平米ほどの、郊外ではもう少し広い菜園が増えてゆき、果樹栽培や小家畜飼育も始まった。そして戦後、八時間労働日の獲得で自由時間の増えた労働者がこの動きを加速し、自家消費用食糧調達と健康増進に努めた。菜園には簡単な用具置場用の小屋が建てられたが、それが徐々に堅固なものとなり、そこに住みはじめるものが増えた。都市中心部の住宅難がこの動きをさらに加速した。

無秩序な動きによってヴィーンの周りに「ジプシー集落」の帯ができてしまうことを恐れた当局は、住宅建設を計画的に進めようと、公有地の賃貸契約や建築資金の提供に乗り出した。住宅は、六〇～八〇平米の家族用一戸建て三ＤＫであり、一戸毎に約四百平米の菜園があり、六～一〇戸で一区画をなした。宅地開発や住宅建設に労働を提供してきた人々のなかから自発的に生まれた組織である協同組合「住宅地中央連合」と「小菜園主中央連合」は、新住宅に住むものが菜園所有者となるため、一九二一年に「オーストリア住宅地・小菜園主連合」に結集した。この連合は四万五〇〇〇人を擁し、宅地開発者・菜園主の代表組織として当局に様々に働きかけた。また上記二団体のほかに、会費を払う支持会員にはヴィーン市や他の大きな自治体、建設・金属・農業・織維など有力な労働組合がいた。

運動は自発的であり、それ自体として政治的ではなかったが、労働者運動を背景に、社会民主主義労働者党が指導にあたっていた。連合は新たな私的所有の発生を防ぐため居住地の共同組合所有ないし自治体所有を主張し、個人の家屋取得も拒否したが、他の点ではできるだけ協同組合の自治の行使を促進した。しかし資金難のため建設活動は停滞し、国家と自治体が建設コストの九割を補助して年に数百の住宅が建てられたにすぎなかった。

労働者の社会民主主義的傾向の色濃いこの運動は、企業家とは敵対的であった。有力な住宅地協同組合は、自分たちの労働力を提供して建設労働者と共同で建設できる可能性を歓迎した。そしてこれを実現したのが「オーストリア建設労働者中央連合」の設立した公益建設会社「礎石」(Grundstein)である。当初、建設労働者は共同経済企業の設立を目指したがうまくゆかず、一九二〇年に「礎石」の設立となった。この会社は建設労働者連盟に属し、これが中央機関となり、必要に応じて各州に支店を開いた。地方の建設労働者が共同組合を組織しようとする場合には、中央の連盟がそれを手助けした。このような中央統一的性格をもつ「礎石」は、労働者ないしその代表者が生産管理者となっている。建設労働者連盟では、仕事の各工程に代表者を出す権利がある。つまり石砕労働者、れんが工、壁工、屋根葺き職人、ペンキ工などのそれぞれが代表者を出し、また職員も同様に代表権をもって組織されている。オーストリアでは、建設業就業者のすべての範疇が、ただ一つの建設労働者組合に結集することとなった。

最後の要素は賃借者の運動である。以前より家主に対する賃借者の法的保護を得るために「オーストリア賃借者協会」なる組織がつくられていたが、住民構成からして運動は主に労働者が担い、社会民主党員が指導するところとなった。協会は党の国会議員を首脳陣にむかえて、党と関係を緊密にした。協会の活動は、個々の家屋の共同管理を追求する賃借者評議会を組織するに到った。家屋の運営や大規模な修繕は、所有者の私益の観点だけからは行なわれないようになったのである。

この協会は、住宅地開発および建設労働者の運動と連携して、住宅地・住居・建設の全体を統制する包括的な組織を担うまでに成熟した。この三つの集団にあっては、相互の協力によって統一的な計画の下に原料や労働力を計算し、企業家の利潤を考慮することなく、迅速に需要充足を果たすことができる、という思想が容易に広まった。こうして「オーストリア住宅地・小菜園主連合」、「オーストリア建設労働者中央連合」、「オーストリア賃借者協会」は二一年末に「住宅地・住居・建設ギルド」(Siedlungs=, Wohnungs=, und Baugilde Österreichs, SWBギルドと略記する)を設立し、共同経済研究所はその科学部門とされた。ギルドは民法上の一組合だが、法的な枠をはるかに超えた影響力をもちうる組織であった。その基本的立場は、文化的な住宅に住む権利がすべての国民同胞に保証されねばならない、住居の建設・分配は公けの問題である、同じ住居には同額の家賃が支払われるべきである、新築・修繕は税金から補助されるべきである、というところにあった。[20]

ギルドは「建設事務所」を備え、その指導には主任建築士があたった。ここが近代的都市建設にふさわしい住宅全般の計画を立て、住宅のタイプを示し、建設を指導した。実際の施工や修繕にあたっては、ギルドが住宅地に住むことになる人々や他の利害関係者の受託者として「礎石」と協力体制を築いた。ギルドはまた「商品受託所」を設けた。この組織は、家具や他の装置の仕入れや助言を行なうことを目的とした。

さきに触れた公共経済集団住宅地・建築資材企業（GESIBA）は、宅地開発者と国、ヴィーン市が二一年に設立したものだが、企業集会では労働者代表が票の多数を占めていた。このGESIBAは、宅地開発者や小菜園主への建設資材の供給を課題とした。とくに木材とセメントの大量買付けを行なったり、家具製造の共同経済企業に参加したりしている。GESIBA自身も建設木材を自前の製材所で生産し、市場に頼らず調達しようと努めている。そして、これまで菜園や建設用の資材を調達していた住宅地・小菜園主連合の「経済部」がGESIBAに参加している。建設事務所と商品受託所は、法的には直接ギルドに属している。このことによってギルドは、建設部門のすべての段階を包括する機構となっていた。ノイラートはこのSWBギルドの書記となった。彼はこの組織に即してギルド運動の可能性を探っていた。

SWBギルド理事会は、建設労働者代表、住宅地・小菜園主連合代表、賃借者代表がそれぞれ四名ずつ、共同経済研究所代表一名、法律顧問一名から成っている。理事会の執行機関はギルド事務局で、これが建設事務所と商品信託所をも包括し、組織上の仕事にあたる。ギルドには、一〇万を超す建設労働者、一〇万弱の賃借者、約四万五〇〇〇の宅地開発者・小菜園主と、ほぼ二五万人の成人が所属し、家族を含めると約一〇〇万人をかかえることになる。全国民約六〇〇万人のオーストリアで、これは少なくない。

労働運動全体との関連はどうか。オーストリアの労働者運動は極めて統一的であり、それは「共同経済中央連合」の形成に現れている。ここでは社会民主党、労働組合、消費組合が指導権をもっているが、共同経済を指向するすべてのプロレタリア組織が代表を送っている。SWBギルドもその一つである。ノイラートは、この中央連合が将来の共同経済の管理部局となり、またあらゆる経済計画に必要な統計業務を担うことを望んだ。現在ではSWBギルドに類似したギルド的な動きが他の経済部門にも出はじめている。社会民主主義的労働者運動の立場に立つすべての組織、労働者評議会、消費組合は「ヴィーン会議」に代表を派遣しているが、彼はギルド運動の発展をこう希望的に展望した。「さまざまなギルド組織がつぎつぎに生まれて、ついには一つのギルド会議に代表を派遣するようになるのはもう時間の問題である。この会議は、経済計画、純利益原則の排除、全市場経済の克服をもたらすことになる来たるべき完全社会化を準備するものとなろう(21)」。

四　博物館と図像教育

住宅地・小菜園の運動のなかで、ノイラートは宣伝のための博覧会を計画、実行する。これは運動の宣伝だけでなく、商品受託所の家具・内装アドバイスを必要としていた「オーストリアの労働者層の趣味の悪さ」[22]に対する住居文化教育をもねらっていた。一九二三年に、新市庁舎前広場を野外展示場として、野菜・果樹の菜園付き住宅のいろいろなタイプを建てた。内部は家具付きで、見物者は中に入って見ることができた。なによりも多くの人にとって手のとどく新たな住居文化の姿を人々に示したことが重要であった。この機会に彼は展示板を使って、新しい住宅地の輪郭と菜園都市計画を示し、食糧・住宅事情の改善のために何が達成されたかを人々に見せることができた。

この博覧会の後で彼は市長ロイマンに、ここで使われた展示物や模型などを「住宅・都市建設博物館」という形で、恒常的な展示にすることを提案した。この提案は協力者をえて実行された。はじめは市内パルクリンクにあるオーストリア菜園建設会社内に置かれた博物館、というよりも常設展示から、後の「社会経済博物館」が生まれた[23]。

社会経済博物館を設立しようという考えは、遅くとも二四年八月まで遡る。ノイラートは、市の行政指導の責任者である市会議員アントン・ヴェーバーに宛てた博物館設立のための覚書を、八月七日付けで作成した。そこにはすでに、翌年以降展開される運動の基本理念や方策がほぼ全面的に記されていた。彼の肩書は「住宅博物館長」である。博物館を社会教育運動の拠点にしようという意気込みのうかがえるこの覚書を見ておこう[24]。

彼はまず、自分の構想がこれまでの博物館とどう違うのかを説明する。過去の博物館はまずもって好奇心に訴えていた。収集物はめずらしいものや、歴史的記念物であって、最初は君侯や金持ち、市当局、修道院が、体系もなく収集し、徐々に見物に供せられるようになった。博物館は「死んだ」ものを集めていた。だから見る者は当然ながらそれらを「過去」のものと感じた。数多くの槍や刀剣や旗、胸像や絵画は、目と感情に訴えるように「装飾的」に配置されていた。これに対して現代の博物館は、教育手段であり大規模な教科書たらんとする。見る者の理性を働かせるために、認識と洞察を促進するものだけが重視される。すべての展示物には、短く明晰な説明文を付して、見る者にその意味を伝えなければならない。博物館をつくることは、教師となることである、と。

つぎに彼は社会教育の重要性を説く。現代人はすべて民主主義の構成員として、社会的諸関係を認識し理解することを要請されている。個々人は法律や諸制度の作用、さらには歴史の大きな発展傾向の作用をつかまなければならない。学校教育には限界があるため、公共性をもった重要なことがらを説明できる博物館は、学校の補完物として不可欠のものだ。社会経済博物館は、現代を未来の前段階と考える現代の社会および生活状態の理念に支えられることによって、とりわけ意義をもつものとなる。諸々の出来事や措置や制度が、住居や食糧や衣料、教育、レジャー、健康、死亡率といった全国民諸層の生活状況にどう影響するのかを恒常的に提示することによって、すべての人々に興味を抱かせるなら、博物館は「生きた」ものとなる。このような博物館なら、たとえ古いものであっても、それを現代の生活と結び付けることによって生き生きとさせることができる。

つづいて、社会経済博物館は技術博物館でもなければ、人類学や民族誌や芸術のためのものでもないことが説かれる。機械や道具は人間の共同生活への影響という面が取り上げられ、人類学や民族誌的素材は社会経済生活との関連を例示するために用いられる。また大衆の歴史的意義、組織や計画的・意識的行為の意義を示すべきである。そして社会的発展の担い手としての労働が、これまで以上に考慮されるべきだ、とする。ここでノイラートは、これまでの博物館が、労働者としての人間、社会構成員としての人間とかかわってこなかったことを強調する。そして労働と組織、生活状態と文化、住宅地と都市建設にわたる社会経済的諸問題について、国民を冷静かつ即事象的に啓蒙する新しい博物館の設立の必要性を強調する。彼はそのために、スライドやフィルムを使った講演や解説付きの館内案内、文書室と図書室、出版物によって、展示物を補うべきだ、とする。

こうした壮大な計画を一歩一歩実現するために、彼は今の住宅博物館をその第一歩たる「住宅と都市建設」部門と位置づけた。そしてこれを基礎として経済から文化（生活状況）にわたって展開されるべき博物館の構成を、展示の方式までまじえて提案している。

一九二四年一〇月、市の財政担当のブライトナー議員の了解をとりつけたノイラートは、建築家マルガレーテ・シュッテ＝リホツキーと「ヴィーン社会経済博物館協会」設立に奔走して、市長ザイツらの書名を集めた。計画は一二月には市議会を通った。ヴィーン市、ヴィーン労働者・職員会議所、労働組合委員会、社会保険機関からの年々の出資金を確保して二五年一月から博物館の活動が始められた。労働者など学校教育を充分に受けていない人々の啓蒙・教育を主要な目的として掲げた博物館である。労働者への便宜を考えて一定の曜日には夕刻から夜まで開館して、労働者団体の訪館には解説を行ったりした。ノイラート自身も、深夜に業務を終えた市電従業員の案内を行なったという。

三月に加わったマリーをいれて三人だったスタッフも、活動の広がりとともに増えた。一九二六年、ヴィーン市とオーストリア社会保険機関はデュッセルドルフでの「健康・社会福祉・運動」大博覧会に参加することになり、その準備にあたる博物館は市庁舎の広い部屋を提供された。この博覧会参加の機会にノイラートは、ドイツ国会議長レーヴェの介入によって、禁じられていたドイツ入国を果たした。このあと博物館は国内外各地で、展示会を開催した。ドレスデンの衛生展示会、ジュネーヴの国際教育会議展示会、パリの国際都市建設展示会、などなど。(25)

また当初パルクリンクにあった展示場はせまくなり、市では二七年に新市庁舎のホール（フォルクスハレ）を常設展示場として提供した。通りからすぐに入れるホールが展示場であったことは、日頃、博物館や展示会などには足を運ばない労働者たちには都合のよい場所であった。加えて、二〇年代当時の「赤いヴィーン」の市庁舎は「彼らの」市庁舎であると見なされていたことが、博物館見学への心理的抵抗感を軽減する、という少なからぬ副作用もあった。ただ市庁舎のネオ・ゴチック様式の大天井は、訪館者の目をせっかくの展示物から奪った。建築家ヨーゼフ・フランク（哲学者フィリップ・フランクの兄弟）が、上部からのスポットライト照明でこの問題を解決した。(26)

常設展示は格段に充実した。教育手段の集中を避けるという観点から、三箇所の展示場が設けられた。市庁舎には中央展示場がおかれ、世界経済、ドイツとオーストリア、労働者運動、住民、ヴィーンに関する展示が行なわれた。パルクリンクでは社会衛生と社会保険をテーマに、結核、幼児死亡率、様々な病気と死亡原因、事故、解剖、社会保険、家計における電気とガスに関する展示が行なわれた。そしてアム・フクセンフェルトの展示場では世界経済をテーマに、世界の国と人々、軍備、統治形態、土壌、生産と消費、通商と交通、人口と住居、労働と組織、所得、経済形態、宗教が扱われた。

博物館には技術部門と学術部門が設けられた。技術部門は展示物の制作にあたった。木材加工や色彩吹き付け、写真、印刷、リトグラフなどのための作業場をもって、専門家集団を組織した。学術部門は内外の協力者（統計家、地図製作者、人類学者、芸術史家、医師など）の一団から成っていた。さらに文書室も設けられた[27]。

住宅展覧会のときにノイラートは、すでに模型や展示板などを用いて、社会環境や統計データを分かりやすく示す工夫をしていた。博物館ができてから彼は、この視覚に訴える表示方式の開発に積極的に取り組むこととなる。プラネタリウムや心臓の模型のように、訪館者に社会生活の姿を目で見て理解させようとした。しかも、一種の象形文字を考案して国際的に利用することを考えたのである。数量を表現する場合、例えば人口なら、図形の大小でなく、同じ大きさの人像の個数で示すことにした。輸出入や電力消費も量的に把握可能であり、図像で表現できる。統計的関連を図示するには克服すべき困難も多いが、いろいろな図像を考案して「読む」ことができるようにしたい、というのである。[28]

この難題への挑戦の一つが、「ヴィーンにおける乳児死亡率と社会状態」の図である。ヴィーン市の所得の比較的高い層の居住地域8区と、典型的な労働者居住地域16区の乳児死亡率を、一九〇一〜五年と一九二五〜九年とで比較したものだ。広くて明るい部屋と狭くて暗い部屋を色と大きさで表現し、それぞれに同数の乳児を配して、十字架の死亡マーク（棺）を重ねて死亡率を示している。戦前から戦後にかけての衛生・医療の改善と、住居環境の影響とを、四つの図で比較表現することに成功している。見る者が色と大きさで住宅環境の違いを了解できれば、図像統計を読むことができる。ノイラートはこうした図像統計を用いた図像教育の普及のために、手引書といえるものまで執筆した。ヴィーン市の学校評議会によってヴィーン方式図像教育の実験指定校も定められた。ベルリーンのモンテッソーリ学校もこの教材を上級生に用いて良い結果を収めたという。[29]

様々な表現方法を開発した博物館は、各地での展示会を通じて能力を評価され、シカゴ産業・科学博物館などから展示物製作の依頼がきた。また教材として、印刷された小さな図像を多数つくり、生徒が自分で組み合わせて図を作成できるようにした。こうした活動を通じて改良を重ねるなかで、訪館者アンケートの結果は、博物館の簡単な図像統計が四〜五才の子供に理解できることを示した。それはかなりの水準の非識字者教育も可能なことを確信させた。ノイラートはこの博物館活動と図像教育を運動として進め、世界の人々が言語によって分断されていることを克服しようと望んだ。「言葉は人々を分け、図像は結び付ける。この博物館の仕事はさまざまな国際的啓蒙にとって重要となる」[30]。

シンボルマーク

ISOTYPE

INTERNATIONAL SYSTEM OF TYPOGRAPHIC PICTURE EDUCATION

乳児死亡率と社会状態

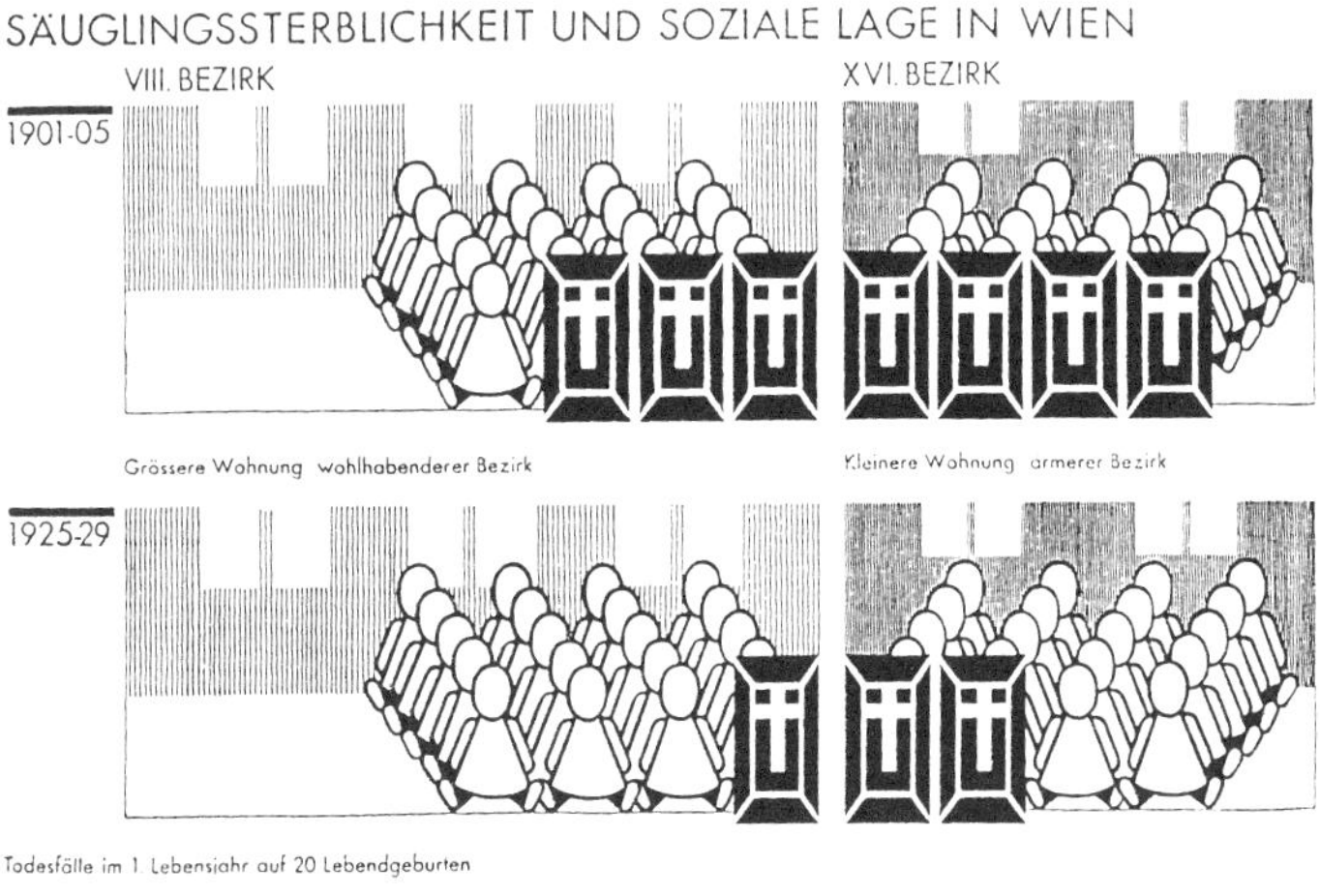

出所：O. Neurath, *Bildstatistik nach Wiener Methode in der Schule* より。

五　おわりに

一九一九年夏、拘束中のノイラートの論稿に次のような一節がある。「われわれは沖で船を改造せねばならぬ船乗りのようだ。――横げた一つはずしたら、すぐに新しいのをそこに入れなければならぬ。一つ仕上げてもすぐ次に移らねばならぬ。――われわれは炭坑夫みたいなことがまれではない。一か所にランプをかかげて光を当てると、ほかのところではすべてが闇に沈む[31]」。これはその後の彼を暗示させる表現である。祖国を追われた彼はオランダで、そしてイギリスで図像教育や統一科学の運動を続けた。それはもはや二〇年代初頭までの社会工学者としての活動から遠いものであった。図像による人類普遍のコミュニケーションを追求する試みのなかでも、ノイラートは「実物」による「計画経済」の意味を説くことを忘れてはいない[32]。だがその後の社会主義経済論に彼の名が出てくることはないようである。

しかし、多くの理想を掲げたこの知識人の名が、二〇年代の運動を共にした人々の胸にきざまれていたことも確かである。一九四五年一一月二七日、イギリスBBCのオーストリア向けラジオ放送でノイラートのインタヴューがドイツ語で流された[33]。『労働者新聞』がさっそく記事にしている。以下はその一節である。「彼の名前は　我々の社会主義運動の偉大な時代のヴィーンの一こまを思い出させた。我々に対して功績のあった多くの人が忘れられていた。彼らがまだ生きているかどうかもまったく分からない。いま、一人の名前が、一つの思い出が蘇った。それは我々に、ほかの友人たちのことも聞ける、彼らが再び我々のために活動してくれる、という希望を与えてくれる」[34]。

注

（1）Otto Neurath, Geld, Sozialismus, Marxismus, in *Der Kampf* 1923, S. 288. ドグマを離れてノイラートを「一闘士」として評価すべきだとするものに、Lutz Holzinger, Otto Neuraths Zeitsignatur, in *Volksstimme*, 28. 5. 1982.

（2）Otto Neurath, *Gildensozialismus Klassenkampf Vollsozialisierung*, Dresden 1922, SS. 15f.

日本の第二次大戦中の統制経済の構想にあたって、第一次大戦期の欧州各国の経験が教訓になっていた。だが現実には利潤動機一つとってみても、企業家側の要求を容れざるをえなかった。山田高生『ドイツ社会政策史』千倉書房、一九九七年、第三部を参照。戦時経済と経済再編についてはさらに、小野清美「ヨハン・プレンゲの『戦争哲学』と社会主義論」松田武・阿河雄二郎編『近代世界システムの歴史的構図』渓水社、一九九三年。

（3）Paul Neurath, Otto Neurath（1882–1945）. Leben und Werk, in Paul Neurath / Elizabeth Nemeth（Hg.）, *Otto Neurath oder Die Einheit von Wissenschaft und Gesellschaft*, Wien 1994, SS. 35–6. 以下、Leben und Werk と略記する。

パウルはオットーの実子である。

（4）Keith Tribe, *Strategies of Ecomonic Order*, Cambridge 1995, Ch. 6.（枡田大知彦訳「第六章　経済世界の論理的

構成――オットー・ノイラートの合理主義経済学」、トライブ『経済秩序のストラテジー』ミネルヴァ書房、一九九八年）論争の全体像については、西部忠『市場像の系譜学――「経済計算論争」をめぐるヴィジョン』東洋経済新報社、一九九六年。

（5）Leben und Werk, p. 21ff.

（6）田村信一「ドイツ十一月革命における計画経済の構想――O・ノイラートの『完全社会化』論」『社会経済史学』第四一巻第五号、一九七六年。Leben und Werk, pp. 37–46.

（7）*Max Weber Gesamt-Ausgabe*, I/16, Tübingen 1988, SS. 492–5.

（8）その経緯は、野村修編『ドキュメント現代史　ドイツ革命』平凡社、一九七二年。

（9）Leben und Werk, pp. 225–8; Memories of Otto Neurath, in Otto Neurath, *Empiricism and Sociology*（Edited by Marie Neurath and Robert S. Cohen）, Dordrecht / Boston 1973, pp. 28–9. 以下、Memories と略記する。

（10）Tribe, *Strategies*, pp. 160–1.

（11）Leben und Werk, pp. 48–52; Memories, p. 14.

（12）E・ヴァイグル「境界を越えて――学際的研究プロジェクトにおける哲学」鈴木直訳、『岩波講座現代思想2　二〇世紀知識社会の構図』岩波書店、一九九四年。また森元孝『アルフレート・シュッツのウィーン』新評論、一九九五年、三六頁の表2を参照のこと。同書第一部、第二部は二〇年代ヴィーンの理解にとり有益である。

（13）Leben und Werk, p. 73.

(14) 高山洋吉訳『現代社会生態図説』一九四二年、慶応書房。Leben und Werk, pp. 85–6.

(15) Leben und Werk, pp. 84–94.

(16) オットー・バウアー『オーストリア革命』酒井辰史訳、早稲田大学出版部、一九八九年、第二章、第三章による。

(17) ただし、コールは消費者の「公民的」(civic) 機能に着目し、ナショナル・ギルド構想では国家を「組織された消費者を代表するもの」として位置付けている。G. D. H. Cole, *Guild Socialism Re-stated*, London 1920, p. 86; *Self-Government in Industry*, 5th. ed., London 1920, pp. 32–3, 240.

(18) Leben und Werk, S. 54.

(19) バウアー『オーストリア革命』、二七四〜五頁。Otto Neurath, Siedlungs=, Wohnungs= und Baugilde Oesterreichs, in Neurath, *Gildensozialismus Klassenkampf Vollsozialisierung*, S. 37ff. SWB Guilde と略記する。

(20) Otto Neurath, Oesterreichs Baugilde und ihre Entstehung, in *Der Kampf*, 1922, S. 88.

(21) SWB Guilde, S. 47.

(22) SWB Guilde, S. 41.

(23) Leben und Werk, S. 59–60.

(24) Denkschrift ueber die Schaffung eines Gesellschafts- und Wirtschaftsmuseums in Wien. Personen-Archiv in Verein für Geschichte der Arbeiterbewegung, Wien.

(25) Memories, p. 58; Leben und Werk, S. 49, 72; O. Neurath, Bildhafte Pädagogik im Gesellschafts- und Wirtschaftsmuseum

in Wien, in *Museumkunde*, Neue Folge, Bd. 3, Heft 1, 1931, S. 127.

（26）Leben und Werk, SS. 59–62.

（27）O. Neurath, Bildhafte Pädagogik, SS. 127–8.

（28）Otto Neurath, Statistische Hieroglyphen（in Österreichische Gemeindezeitung, 3. Jg., No. 10, Wien 1926）, in Rainer Hegselmann（Hsg.）, *Otto Neurath. Wissenschaftliche Weltauffassung, Sozialismus und Logischer Empirismus*, Frankfurt 1979, SS. 295–6.

（29）Leben und Werk, SS. 67–8; Otto Neurath, *Bildstatistik nach Wiener Methode in der Schule*, Wien / Reipzig 1933, SS. 7–8, 53, Tafel V.

（30）O. Neurath, Bildhafte Pädagogik, SS. 127–9.

（31）*Arbeiter-Zeitung*（11. 12. 1957）の記事は、この一節によって激動に身をおいた知識人のシシュフォス労働を象徴的に表現した。

（32）『現代社会生態図説』六三頁ほか。

（33）インタヴューの内容は、Memories, pp. 73–5.

（34）'Ein Wiedergefundener. Otto Neuraths"Wiener Bildstatistik"', in *Arbeiter-Zeitung*, 1. 12. 1945.

Ⅶ　研究動向

一　エミール・レーデラーのこと

マックス・ヴェーバーをポツリポツリ読んでいたとき、一八九七年のヴェーバーとオルデンベルクの論争にであった。資本主義的発展の展望をめぐる「工業国」論争の口火を切るものである（田村信一「ヴェーバーとオルデンベルグ」『創文』一九八二年一〇月）。ドイツでは一九二〇年代後半以降にも資本主義の展望をめぐる論争がなされ、エミール・レーデラーは、ゾンバルトの「晩期資本主義論」に反対する多数派に位置する。彼は独占期の景気循環の一局面として現状を見ていた。論争は、拡大「生存圏」のアウタルキーに向かうナチス政権の成立で終わった（柳澤治「資本主義構造転換論争」）。かつて大東亜共栄圏アウタルキーを夢想した日本の、戦後世代の私としては、ナチス政権以前のアウタルキー思想にも興味がわくが、いまはおいておく。ともあれレーデラーなる人物が気になる。

ヤッフェ、ゾンバルト、ヴェーバーを編集者とする「社会科学・社会政策雑誌（アルヒーフ）」は、一九一一年以降、レーデラーを編集秘書として迎えた。ヴェーバーとヤッフェの死後、二一年秋からはレーデラーがアルフレート・ヴェーバー、シュンペーターとともに三三年までアルヒーフを編集した。ドイツ語圏の社会科学史上に重要な役割を果たしたアルヒーフの編集に、レーデラーは一九一〇、二〇年代を通して関与していたことになる。彼の占める位置は、ヴェーバー研究の周辺といったものにとどめておけなくなる。

ユルゲン・コッカ編のレーデラー論文集（一九七九）[*]には、彼の弟子にあたるハンス・シュパイヤーの「エミール・レーデラー。人と業績」と、編者コッカの序文が付されているので、それに依って簡単にレーデラーを紹介してみよう。

彼は一八八二年七月二二日にピルゼン（オーストリア帝国、現チェコスロヴァキア）で生まれた。ユダヤ人である。一九〇一年にピルゼンのドイツ語系ギムナージウムを卒業してヴィーン大学に入学、オイゲン・フィリポヴィッチ、ベーム＝バヴェルク、フォン・ヴィーザーらの下で経済学・統計学を中心に学び、一九〇三年にはベルリーンでシュモラーの講義を聞いている。一九〇五年に法学国家試験に合格。当時オーストリアの大学では経済学は法学部の枠内にあった。その後、弁護士見習いとしての裁判所実務や職人組合秘書の実務に携わった。また学生時代からヒルファディンクやオットー・バウアーら社会主義者と親交のあった彼は、労働者運動に深い関心を持っていた。

一九一〇年、エトガー・ヤッフェの招きで彼はハイデルベルクにやって来た。ヤッフェはベーム＝バヴェルク推薦のこの若い俊英のうちにある社会政策的急進主義とヴィーン限界効用学派の素養との結びつきを高く評価したのである。レーデラーの仕事は、ドイツ・オーストリアの社会政策領域の「クロニーク」をアルヒーフに書くことだった。この頃の彼については、ホーニヒスハイムが『マックス・ウェーバーの思い出』で触れている。ちなみにマリアンネ著の夫の伝記にレーデラーに関する記述は見当たらない。

彼の学者としての経歴は次のとおりである。一九一一年にルーヨ・ブレンターノが彼にミュンヘン大学での就職の可能性を伝えたが、彼はハイデルベルクでの求職に意が傾いていた。それでも彼はブレンターノの好意に応えるべく、「私企業職員の年金保険」の研究でミュンヘン大学で経済学博士号を取得した。翌一二年にはハイデルベルク大学哲学部に経済学者として職位請求を行った。一八年には員外教授、二二年に教授となる。二三〜二五年には来日、東京帝国大学客員教授として教壇に立つ。三一年にはゾンバルトの後任としてベルリーン大学教授となった。ヒトラーの政権獲得後、教職追放ブラックリストに載り、三三年四月、パリでの国際会議招聘を機にベルリーンを去り、ロンドンを経てニューヨークに亡命、New School for Social Researchの「亡命大学」で教鞭をとる。一九三九年に死亡。

以上のことから、レーデラーの経歴が四つの異なる政治的文化のうちにあったとわかる。旧体制オーストリア（ピルゼン、ヴィーン）、ヴィルヘルム帝政期ドイツ、ヴァイマル共和国、そして合衆国（ニューヨーク）の四つである。時代の運命なのではあるが、歴史家マイネッケも、第二帝政期、ヴァイマル共和国、ナチス政権下、そして戦後、と四つの異なる政治風土を生きた。レーデラーの場合には、ユダヤ系社会民主主義者であったことが影を落としている。

彼の研究の対象領域は広いが、コッカは四つの中心的テーマをみている。第一は経済理論の研究である。既述のごとく、彼はベーム＝バヴェルクらの下でヴィーンの限界効用理論を学び、またオーストリアの独特なマルクス主義の影響をも受けている。シュンペーターとの親交も深かった。この分野では理論・統計を駆使した動態的分析、独自な景気理論、組織資本主義に関わる研究（服部英太郎『賃銀政策論の史的展開』参照)、テイラー・システム論にみられる経営内合理化・組織化の社会経済的意義の検討等ミクロ的領域の研究、関税政策論、一九一九年以降の社会化委員会での活動(美濃部亮吉『敗戦ドイツの復興過程』に紹介あり)、そして恐慌からの脱出路をめぐっての資本主義体制論、などが挙げられる。

第二のテーマは、階級構造の変化の分析である。職員(Angestellte)の分析は彼の学者としての経歴の当初から行われたものである(雨宮昭彦「第一次大戦前ドイツにおける職員層論」)。一九一九年に発表された「現代の社会心理学的態容」は、独立営業者から労働者へという社会変動を、各階層の集合的心性把握を通して見た、奇妙な、しかし刺激的な仕事である。

第三は政治社会学である。彼は、ドイツの議会主義、政党政治を分析し、利益団体と政党の関係やドイツ民主党凋落の原因など興味深い問題を論じた。このテーマは、組織資本主義や階級構造変化に対する関心とも深く関連するものである。

最後のテーマは、ナチズムの成立と特質の分析である。彼の死後出版され、邦訳もある『大衆の国家』は、三〇年代の経験をもとに書かれた、この領域の代表作である。コッカはさらに、それ以前に書かれた大戦中の社会構造と国家の関係の分析、中間層論、世界経済恐慌をテーマとした諸論稿の中でのファシズムの心理的条件への言及をも、この系列に入れてよかろう、としている。

こうした広い活動領域をもったレーデラーは、多彩な交友関係を結んでいる。一九三二年には五〇才を祝い、記念論集の発行ではなくて、既刊・未刊の論稿を集めたものが彼に届けられたという。寄稿者からいくつか記せば、ヘルマン・ヘラー、ケルゼン、カール・ランダウア、カール・マンハイム、ヤーコプ・マルシャック、ミハエル・ポラーニ、シュンペーター、フェリックス・ソマリー……。

さきに「独自な景気理論」(eigene Konjunkturtheorie) と書いたが、これはコッカの表現である。日本でも経済史家大塚久雄が彼の景気理論に注目している。大塚著作集第五巻に収められた〔紹介〕レーデラー「世界経済恐慌における信用の問題」(一九三二年) の冒頭には、「……さきに景気理論を公にして景気循環における信用、ことに追加信用の役割を明らかにすることを試みたレーデラー教授は、この論文において、今夏までの事実に基づき、特にドイツを中心として世界経済恐慌における信用の具体的な様相、役割、限度、さらに対策について論じた」とある。ここにいう、さきに公にされた景気理論とは、おそらく社会経済学要綱 (GdS) のなかの「景気変動と恐慌」(一九二五年、田中訳は三九年) のことであろう。彼の景気論の骨子は、大塚の〔紹介〕やコッカ編の論集にも収められた「世界経済恐慌——資本主義の危機。原因と脱出路」でもうかがえる。好況の展開とそこでの信用の役割、追加信用・生産拡大と消費制限、信用引きあげによる信用恐慌、恐慌の全般化。信用に主導的役割を与える彼の景気循環論は、所謂「宇野恐慌論」と外見的には似ているようである。レーデラーは来日しているので、大塚ら戦前の、彼の影響を見聞しえた世代の人々にとっては、この相似は周知のことかもしれない。が、若年の私は、そのあたりの事情を示唆する記述を寡聞にして知らない。ついでながら、大塚著作集にレーデラー論文の紹介が収められているという事実だけからしても、研究史の世代的な継承をはじめとする様々な問題を、考えさせられる。

レーデラー景気循環論の視野は広い。前掲GdS論文の或るページの注だけでもヴェブレン、ローザ、フィッシャー、ピグー、ケインズの名がある。すでにリンガーは、二〇年代ドイツで理論的業績を残した経済学者であるシュンペーターとレーデラーの苦闘の様を適確に描写している（Friz Ringer, The Decline of the German Mandarins, 1969）。レーデラーを経済学史上に位置づける作業の必要性を感ずる所以である。それと関わって、GdSの学史上の位置も問題とされねばならない。カール・ポラーニは、「『社会経済学要綱』はもちろん、『国家学辞典』も、「オーストリア学派」の信奉者たちに、基本的な理論的主題を扱った論文の寄稿を促した。これは主としてウェーバーが介在したことの結果であった」と書いているが（『人間の経済Ⅱ』）、レーデラーの存在もまた無視できまい。

ポラーニとレーデラーの関係も無くはない。レーデラーの妻エミー・ザイドラーはポラーニのいとこである。ハンガリーの指導的社会民主主義者として名を馳せたエルヴィン・サボーもやはりいとこで、ポラーニもサボーもアルヒーフに論文や書評を載せている。「ポラーニ家の人々」については栗本慎一郎『ブダペスト物語』が情報を与えてくれる。レーデラーは一九〇七年に結婚したザイドラーを通じてハンガリーの知識人たちと交流をもつ。シュパイヤーはその中でもルカーチ、マンハイム、アルベルト・ハラシを挙げる。夫妻はブダペストで知り合ったルカーチがE・ブロッホのすすめでハイデルベルクにやって来たとき、温かく迎えている。

レーデラー夫妻の共著『日本—欧州』（一九二九年）は、大内兵衛（著作集第九巻）、東井金平『欧米における日本農業の研究』や水沼知一「E・レーデラー『日本——ヨーロッパ』覚書」等で紹介され、論じられてきた。とくに水沼は「学問的批判を抜きにした形で軽率な『国際的理解』の氾濫横行する現在の日本への『原理』のレベルからの頂門の一針」（『みすず』二一四）と高く評価する。
いまレーデラー再評価を、と叫ぶつもりはない。気になるのは、極東の地における学問輸入のあり方である。日本の社会科学は、種々のレベルでの彼我の相違と苦闘してきた歴史をもつ。われわれにとってはハイデルベルク発であれブダペスト発であれ、日本での研究史をどうふまえるかという視角を欠いては位置づかぬであろう。別様に言えば、『日本―欧州』が半世紀後にまで評価をうけるような質を持ちえたのは、日本という自己にとって異質な文化世界を、西洋的枠組みで整序しきることも、対象にべったりとよりかかることもせず、相違を鋭く意識しつつ対比を行ったからである。問題設定の時間的空間的継承関係に対する配慮と言ってもよかろう。これなしでは対話を拒むことになりかねない。様々な学者の紹介・再評価がこれからも行われよう。それだけに研究史の重さ、問題史的観点の意味を知るべきである――もっぱら自戒の念を込めて。

（＊）Emil Lederer, *Kapitalismus, Klassenstruktur und Probleme der Demokratie in Deutschland 1910–1940*, Hrsg. v. J. Kocka. Göttingen 1979.

二　不確実性、秩序、倫理――最近のドイツ経済学史の研究から

はじめに

経済学史・経済思想史をどう叙述するか。理論・思想の展開の因果関係を説こうとする場合に限らず、展開の個性を問題とするときにも、まずは、「今、何が」「何のために」問題となるのかについて考えておかなくてはなるまい。そして、現在の理論的課題をどこに見るのか、から始めても、まず、その論点の扱いはどんな歴史的変遷を経てきたのか、課題解決を示唆する思想が傍系として軽視されてはこなかったか、さらには新たな関心から再評価をまっている理論があるのではないか、等の様々な切り口が用意できるだろう。こんなことを敢えて言い出すのも、最近の個別研究の水準が上がり、そのため研究の細分化が進んで、たこつぼの外を見通すのがずいぶん難しくなってきた、という印象をもつからである。とはいえ通史的な、しかも上述の切り口をもった叙述もないわけではない。ここに採りあげる最近目にした三点は、いずれも、こうした関心にかなう研究であり、個別理論の専門的検討ではないが、考察対象にも一定の時間的な幅をもたせた、しかも学史研究のあり方を考えさせるものである（文中敬称略）。

1 『偶然、運、錯誤』

ビルガー・プリダットのこの書は、副題が示すように「一八世紀から二〇世紀初頭までのドイツ経済学における不確実性とリスクについて」主要な経済学者がどう扱ってきたか、また、それぞれの時代の社会観・市場観との関連や経済思想の流れについて、をコンパクトに叙述したものである。(*)

(*) プリダットを編者とする「ドイツ語圏経済学史双書」の第一巻。巻頭の「編集の辞」はこう述べる。

「一九四五年以降、ひとたびは輝かしく打ち立てられた理論史的推論の伝統はほとんど絶たれてしまった。同時に、前世紀までのドイツにおける経済理論の展開を思い起こすこともなくなった。英米経済学の優勢により、斯学の前史の位置づけも変わった。そこではドイツ経済学はどちらかといえば骨董品に分類された。こうした印象に、本シリーズは次の二点で反対したい。

第一に、ドイツ経済学とその先駆者たちの再検討は、英国の斯学の歴史的展開に対してまったく遜色のないものとして対置されるべきドイツ経済学の理論的展開の再評価に役立つ。

第二に、古い時代のドイツ経済学には、現代の問題設定と、とくに制度経済学や、進化的およびシステム論的な着想と類似のものが見いだされる。当時の解答は歴史的なものになってしまったが、問題設定の多くは今日再び現実味をもってきた。

本双書は、理論史の新たな再構成にむけた個別研究と論集を提供する。なかんずくそれは、ドイツの経済学を日陰ものの位置から引き出し、経済学の理論史のうちにしかるべき席を与える、という目的に資するものである」。

まず大まかな目次を示しておこう。

序言
序章
第一章　保険者としての国家：受苦の偶然性に対する保険（五節）
第二章　時間、錯誤、期待。世紀交替期におけるリスクの社会科学への導入。
　メンガーからヴェーバーへ（二節）
第三章　不確実性と期待の経済的影響（三節）

序言と序章では近代初頭のリスク観が移行期スミスまで素描され、おもしろい思想史をなしているので紹介しておきたい。

ユスティからヴェーバーまで一・二章で扱う論者に共通するのは、不確実性問題を原則として克服できるものとして描く態度である。見えざる手への信仰は、強力な国家の影に色あせた。リスクは、加速的産業化の時代に不可避の社会秩序の不透明性に発している。経済過程・市場過程に不確実性が孕まれているという現代的な見方はメンガーに始まる。それ以前は現代のリスク観とは違ったものだった。経済的発展の不確実性に対して保険をかける制度を作るという現象がポイントになる。この制度は伝統的行為範型の期待安定化の質に取って変わろうとするものである。

生のリスクとは近代の概念であり、その前提には、意思決定にはなんら確実な結果はないこと、期待された結果が起きないという危険はリスク行為者の主観的意思決定に遡求しうること、がある。いずれも宗教改革による世界像の変化、神の恩寵の消失の結果である。世俗化した世界では、行為の意味は超越性を奪われ、行為者個人の良心のうちに道徳的命令として内面化されるしかない。同時に世俗内のリスクの可能性が高まる。社会的分業の進展の結果、自己の行為の相互依存関連を統御するには個人はあまりに弱い。それだけに良心的行為はたえず新たな状況評価を必要とする。神解釈の多元化により行為の意味の斉一性もなくなった。規範的斉一性の維持は世俗の制度を要求するが、近代におけるその最強のものが国家である。こうしてキリスト教共同体は、超越的目的消失に抗する規範的安定性の秩序範型を再組織化する世俗社会へと転態した。中世の秩序問題は、近代社会の、政治と経済の、法と道徳の問題となる。信仰の確実さが生を定めることを止めたなら生のリスクが生じる。つまり自然の気まぐれ＝偶然に委ねられるリスクである。神の恩寵を失い天国で永遠の生を得られぬという古いリスクと、世俗で神の御心にかなった正しい生を営めないという新たなリスク。前者はリスクを避ける行為を生み、後者は行為の創造性を高める、つまり期待実現のために状況評価の技法を生み出す。行為の目的は現在の可能性に規定されるが、ここに正しい選択がなされるか否かの問題が生じる。宗教的救済目的の消滅を世俗の経験的行為範型が代替する。経験が将来目的の価値をどこまで支えられるのか。己の意思決定の確実さは、有徳なる意図、高貴な目標に、つまりは道徳的に保証されるのみ。この行為観は、万人が等しい道徳の下にあるときにのみ成功の望みをもつ。だが道徳も多元的となる。他人の目的を誤って評価する恐れもある。こうして個人は複数の選択肢の間で決定するリスクを負う。他人の目的については情報がおよそ不完全だからである。唯一の解決は、期待の斉一性の新形式、ないし、行為規範を公的なものとする制度である。

第一章の各節に付されたキーワードに導かれながら各論者のリスク対応を五つ見てゆくことにする。第一節、秩序／無秩序。ユスティは、国家が不完全な私人あいてに秩序を形成・維持するのだという官房学的治政国家論を展開した。また、国家財政の正しい運用が福祉を向上させるとして、リスクある運用は避け、小さな悪を選べと言う。国家は民の財産の受託者だというのである。彼の思想には、私的利害に対する根本的疑念がある。それは幸福のための秩序を形成しない。私的なリスク行為が損害の可能性をもつところに国家の権力介入が必要となる、とした。

第二節、「偶然の体系」批判。ヘーゲルは見えざる手の世界を欲求の体系と見た。個と全体の調整は、貧富の対立を解消できぬゆえ仮象にすぎぬ。国家は偶然の体系を秩序に変えねばならぬ。私的利害は公的諸関係を見通すことができぬのだから。私益行為が道徳的であるのは偶然であり、哲学の目的は偶然の排除である。見えざる手は不確定な世界で、富者の気まぐれは偶然と恣意とを放任する。古典派は私的利用権の集合体を見て無産者を排除していた。貧者の富者への依存性が高まり彼らはリスク行為を避けるが、所得の不平等分配の経済的リスクは政治的リスクを生み、賎民（ペーベル）をも生む。人倫（Sitte）は自由を自由と依存の関係として規定する。ブルジョア個人が人倫的理性に到らなければ国家がそれを課題とする。国家とは一般的人倫の理念であり、ブルジョア的自治の自由意思的に承認された規範のなかでその理念の意図が実現されるべきなのだ。こうしてドイツ経済学の国家経済的傾向は新たに基礎づけられることになった。行為可能性の偶然にしか調和しない歴史的多様性に対する、人倫的に一般的な理性の制度化として。彼には国民の富の増大よりも、経済的合理性と有徳なることの統一のほうがずっと重要だった。

第三節、運と社会保険。シュモラーや、シェフレ、ブレンターノらの社会政策論が扱われる。経済市民になれぬ国家市民を自立能力あらしめようと制度をもちいるのが社会政策である。保険は不確実性の縮小の制度として近代的なものだ。雇用の不安定下で確実な生計を可能とさせる労働者保険が構想された。社会保険や労働市場政策、加えて反循環的公共需要策の必要性も言われたが、体系的景気理論の基礎づけはなかった。恐慌と景気変動のなかに現れる所得と雇用の不確実性は移行期の現象であり、集団的強制組織がすでに国民経済の社会化の開始をしるしていると見なされた。ポイントは貨幣経済に慣れない労働者に新しいエートスを創り出してやることであり、これで不確実性が抑えられるとされた。

第四節、法哲学の国民経済学的深化。ヴァーグナーの国家社会主義論は、強制保険や財政（税負担の所得再分配機能）、国営事業をも含む、不安定性の安定化をねらった包括性を備えたものであった。

それは人倫を代替する強制に制度的形態を与えたものである。また彼は、景気の循環現象は倫理的なものではなく、競争経済につきものであって、過剰生産には自然法則的基礎があるとした。ただここから、規則的な生産と正しい分配を行うためには経済組織と経済法のしかるべき修正を行わねばならぬとしたが、自然法則的現象としての景気については、国家には対症療法を説き、原因には触れぬが結果には対応、という限界をもっていた。

第五節、障害と恐慌。ロッシャーの恐慌論と政策観が扱われる。彼によれば、無政府的分業の進展の結果、一般的過剰生産恐慌がありうる。セー法則は貨幣経済では妥当せぬ。消費性向の変化で滞貨が生じるではないか。また誤った期待形成が投機をよぶ。政策は恒常性を保って経済主体の合理的予測に中立を保ち、自然治癒力による自動回復を待つべきであった。ただし経済循環の局面としての恐慌と捉えているとは言い難い。

第二章のメンガー論では大要以下のことが述べられている。彼は主観的な合理的選択行為の理論を基礎に、ヘーゲルとは別の体系観を提起した。欲求充足との距離で高次財、低次財という分類を行う有名な財論を中心に彼の経済論を見てゆく。高次財による低次財の生産から資源配分論が展開され、そこに配分の体系が因果関連を構成すること、生産時間が問題となること、が示される。完全情報とは無時間の過程でしか言えず、蓋然性は排除されない。彼は自己の経済認識を、一文化理論に移す。それは、不断の情報獲得を、将来的一次財の量と質を事前に決定する確実性の増大と解釈するものであった。文化の前進は不確実性の減少である。それを彼は、国家的・制度的補完ではなく市場経済それ自体の前進のうちに見た。予測の蓋然性の主観的な評価という当初のリスクは、この文化の過程で徐々に客観化される。不確実性は全く消えるのではないが、科学的認識を通して、客観的蓋然性の秤量というリスク決定になる。長期の、世代を超えた配慮のできる経済的行為主体を「文化人」とする、という彼独特の見方もここから派生する。将来の財需要の予知は（技術や資源配分の）知識の関数であり、主観的評価ではなくなる。また将来的目標は投資の刺激となる。最高の文化段階たる資本経済は、経済過程のうちに現れる不確実性に対する一種の保険制度となる。シュモラーが経済史の歴史理論を考えたのに対し、メンガーは歴史の経済的理論を考えた、といえる。ブルジョアの倫理的徳性は目的合理的行為として現れ、徳の完成度でなくて消費抑制と投資の態度で測られる。倫理でなく賢明な選択、こうして合理的な経済的行為の道徳的含意はもはや経済学の対象ではなくなった。

次にヴェーバーが論じられる。彼にとって経済的合理性とは「目的合理性」概念の一つである。ここから始まって彼のカテゴリー論から効用給付、規則性、市場営利経済、闘争などの用語の独特な定義が紹介される。彼のリスク観は次の引用に示される。

「商業の計算は、『偶然に』しか実現されないチャンスを、その意味では『計算不可能』だと評価され、それゆえ『偶然のリスク』を請け負うことを意味することになるチャンスを目指す度合に応じて『投機的』と呼ばれることとする。合理的な計算と（この意味で）投機的な計算との間は完全に流動的である。なぜなら、未来を目指すいかなる計算も、予期せぬ『偶然』の前では客観的に保証されないから。したがってこの区別は合理性の様々な度合を意味するものにすぎない」。

合理的計算と投機の区別と連続、つまり目的合理的計算は決して確実性の下にではなく、リスクの下に行われる決定なのであり、一方の投機的計算は不確実性の下に決定される。リスクの発生源は「経営に疎遠な」投機的営業、例えば譲渡利潤のみを目指す株式所有者に求められることになる。経営とは企業の継続的収益性を第一次的に指向するものであるから。「経営に疎遠な純粋に投機的な利害関心が、市場チャンスに、とくに資本財の市場チャンスに、また同時に営利的財生産への指向に影響を与えることが、『恐慌』として知られる近代的流通経済の現象の一源泉である」。ヴェーバーは投機を「近代的流通経済に独特な実質的非合理性」とした。著者が『経済と社会』のこれらの箇所を引用し、〈betriebs-fremd〉の語をクローズアップしたのは卓見である。

つづいてヴェーバーのクナップの貨幣国定説に対する態度（購買力の説明ではミーゼスらの側に立つが、外国為替相場における自国通貨の安定価格維持の点ではクナップの言う「支払手段政策」を評価）が説明される。そして貨幣の価格変動を避ける政策が望ましく、経済主体の計算に不安定性を持ち込むべきではない、という立場が示される。ヴェーバーによれば、西洋の合理化過程は二面的である。一方では個々人が合理的行為計算の能力を高めてゆく。同時に他方、規制的諸制度は予測能力を高めて人々の行為が偶然に左右されないことを確実にしようと、個々人の目的実現（＝つまりは社会的経済的相互作用の戯れ、偶然！）に対して制約を設ける、というわけだ。

第3章で非ドイツ語圏のケインズがとりあげられるのは、なによりも彼の独自なリスク観のためであろう。三〇年代のケインズが、従来の合理的期待の安全性ではなくて、リスクをとろうとする態度の減退を扱っている、と述べるところに著者の関心が示される。同時代のゾンバルトは、景気変動回避のために投資量の一定化を経済計画でやろうとした。ケインズと同様に自由な市場経済の均衡メカニズムを信頼しなかったが、恐慌を病理現象とみて国家権力で不安定性に秩序をもたらそうとする似非官房学的国家経済に立ち戻ったのはケインズと分かれるところである。ケインズは、企業の投資が不完全雇用均衡に対応した有効需要水準にとどまる、ということの時代の経済学を構想した。キー概念となるのが流動性選好である。その上昇は、不確実な利潤期待を前には資本投下するかわりに市場状況と利潤チャンスに関する情報収集の時間をかせぎ有利な状況をまつことを意味する。が、この流動性の安全策は、貨幣自体の見地からのみのものであって、この操作を将来的に無とするような危険な逃避である。だが資本の限界効率について積極的な期待がのぞめないかぎり、利子率を下げる通貨政策と有効需要引き上げのための一種の投資の社会化が提起された。経済観とともに政策観も変わったのである。ケインズは、客観的な合理性戦略が不可能だという見通しから、不確実性を実践的な変数として用いる。それはもはや期待の真偽のほどで決定されうるものではなく、諸可能性を将来展望的に処方するものであった。

最後の第三節では簡単な要約と展望が書かれている。社会的な不確実性は古くは「偶然」と解され、秩序を妨げる契機として統合されるべきものだった。官房学の治世論的基礎づけはそれを統合するという課題から説明される。一九世紀には「偶然」は「運」と表現された。それは歴史的になにかうまく規定できないものであったが、一方で社会的に調整しようとする試みをも生んだ。一九世紀末になるとそれは「錯誤」という形で表された。歴史でなく、人間が誤るのである。その除去が課題となり、合理的行為論の展開をみる。だが正しい目的設定の不確実性は残る。将来目的の実現のための条件をいまどれだけ用意できるか。今の条件が将来的実現の条件であるか否かは体系的に開かれている。経済学は将来にオープンな体系となる。「不確実性をリスクに変えるだけでなく、不確実性それ自体を不断に生み出すことが現代の社会・経済の構成要件だとするなら、社会的相互作用の新たな記述方法が必要となる」が本書の結びである。

2 『経済秩序の戦略』

最近の思想史研究の用語で言えば、本書の副題は「ドイツの経済的言説 一七五〇〜一九五〇年」とでもなるのだろうか。Q・スキナーたちの編集する「思想の文脈（Ideas in Context）」シリーズの第三三巻として出版されたもの。ハードカバーをおおう紙表紙にはタイトルの下にゴヤの版画「理性の眠りは怪物を呼び覚ます」が掲げられ、本文はその説明から始まる。そこに著者キース・トライブの問題意識が鮮明に語られている。ゴヤ自身のコメント「理性に見捨てられた想像力が作り出すのは、実現可能性のない、無用な思想である。理性と結びついてこそ、想像力はすべての芸術の母であり、その美の源泉である」を著者はこう敷衍する。理性の一人歩きは怪物を生み出す。理性の力が備わらぬ想像力は不毛な観念を生み出す。この根源的な弁証法が啓蒙思想の核心にあって、しかも今日のわれわれの基本的な思考や議論の土台にも埋め込まれているのだ、と。

「ノイラートの、実物計算に基づく経済組織という構想を扱った本書第6章の草稿を読んで、ゴヤの版画に私の注意を向けてくれたのはヴィルヘルム・ヘニスである。そこで述べるように、ノイラートの展望は、合理主義的な、透明な世界であって、そこでは人間の要求と、その充足に必要とされる財は、実物での計算が可能であり、なされた選択の実質的本質を抽象によって隠してしまう貨幣形態での計算の介入を必要としない、というものである。……理性と想像力というゴヤの対位法は、このあいまいさを啓蒙的合理主義の核心において結晶化している。そこでは、世界の合理化の進行がかならずしも自由と福祉につながるわけではなく、むしろ潜在的に官僚制化と隷従をもたらしたかもしれないのである。この考え方は本書の多くの章の基礎になっているが、それは、進歩と合理主義の啓蒙思想への懐疑的な見方にとどまらない。以下の諸章ではどこにも明示的に論じられてはいないが、本書でのドイツの経済的言説研究の基礎的な仮定は、我々の近代的な主知主義的世界は一八世紀に初めて打ち出された展望の二律背反の罠にかかったままであるが、その姿をもはやだれも充分には理解しえない、というものである」。

著者の悲観的合理主義観は、自由や平等の価値の拒絶を言うものではない。これらの価値を実現するのに合理主義的技術を適用すれば充分やれる、という考え方が拒絶されるべきものである。近代世界の合理化の進行がもたらしたものは、断片化、非合理性、無秩序、不平等、服従であって、社会主義の一般的福祉や自由市場の交易の天国、民主的平等も実現されてはいない。こうした観念から著者独特の方法意識が出てくる。対象とする諸思想の一定の面を、歴史学者の用いる同時代用語でよりも、現代の理論装置で少々近代的に描いてみる。この方がむしろ過去の思想をその固有の文脈のなかで理解するのに役立つ。「この方法で過去の諸著作を再構成することにより、われわれはそれらを改めて見直すことができる。そこに内在する近代性がより明白となる。それらはもはや、遠い初期段階から近代の真理へという科学的成果の着実な進歩のうちに編入されるものではない。それらは、われわれの過去の一部というよりは、現在の歴史の一部となる」。

この方法を著者が全体の叙述に厳密に一貫して用いている、とは思えない。だが各所にこの方法意識がうかがえ、いくつかの章ではたしかに成功している。どの章も刺激的な論点を含んだ、独立の論文として読んでも興味をそそるものであるが、通読するとドイツ経済学史の体をなすようにも仕組まれている。目次は次の通り。

第1章　序——官房学からオルド自由主義へ
第2章　官房学と統治の学
第3章　リストの理性——国民経済学と万民経済学批判
第4章　歴史的経済学、方法論争とマックス・ヴェーバーの経済学

第5章　商科大学と経営学の形成　一八九八～一九二五年
第6章　経済世界の論理的構造――オットー・ノイラートの合理主義経済学
第7章　国民社会主義の資本主義、全体主義、合法的秩序
第8章　社会的市場経済の生成　一九三七～四八年
第9章　新たな経済秩序と欧州経済統合

著者自身の全体に対する説明を含む第1章をやや詳しく、2章以下は短く、一口評も付して紹介したい。

第1章。問題意識と方法についてはすでに示した。それに続き本書のライン・アップの意図が説明される。ドイツ経済学は秩序問題をずっと重視してきた。そこでは経済的行為者が合理的選択に達しうるのだという信念こそが大事なのであって、それに比せば市場か計画か、自由か国家かは二義的となる。書名の由来もここで語られる。「本書は、合理的な経済の普及、伝播、教育、企画の作業のうちに見られた経済的議論、および経済的再組織化や再建の修辞学を提示する。諸章の意図するところは、経済秩序の条件が設定され実現されるときの多様な姿と、そしてその秩序の創造にさいしての合理主義の機能とに熟慮を促すことである。――一方での人間の欲求の多様性と、他方での経済組織化の過程の秩序正しさというこの対位法は、一八世紀初頭以来、経済現象を扱うドイツの著作者たちの不断の主要関心事であった。いかなる形の合理性がこの過程を導くのか。家計と個人の合理的選択

が彼らの需要や欲求を満たしうる合理的な経済制度へと変換するのを保証してくれるのはいかなるメカニズムなのか。この秩序問題に対しては、様々な解決法、様々な戦略が考えられる」。「本書の最後の三章は、より直接的に二〇世紀の文脈における近代性と合理性の問題を取りあげている。今世紀のドイツは隷属から自由までをカバーする政治・経済的連続性の両極をなすと思われる国民社会主義と社会的市場経済の世界を登場させた。このはっきりした分極化が問題とされる。第7章では、フランツ・ノイマンが国民社会主義の現象と折り合いをつけようとするのに用いた知的道具立てを論評し、彼の結論のあいまいさが主として彼の概念装置の制約＝狭さに依っていることを論じる。次の第8章では、社会的市場経済の知的基礎づけについての通説が問題にされる。そして終盤三部劇の終幕は、この社会的市場と国民社会主義の関係についての再評価を提起する。社会的市場をナチス・ドイツの悪夢からの覚醒として扱うよりは、むしろ連続性が強調される。この分野に関する最近の歴史研究は、ナチスのもつ近代的な局面を考察しはじめた。すくなくとも今では戦後ドイツの急速な経済復興の理由の一つが、ナチス期に創出された社会構造のかなりの近代性であった、と論じることができる。この近代性は健康や社会福祉、インフラ、職業訓練、都市計画、教育といった領域に広げられた。これらは現代のヨーロッパ経済を構成する重要な要素となっている。こうしたアプローチは、ノイマンの展望にかなり変更を加えることを意味する。とはいえ彼の『ビヒモス』は、合理性と合法性という確立された概念の適用を通じてナチス・ドイツの無秩序な組織の意味を見いだそうとした最も体系的な試みであることにかわりはない。ナチスを近代性の一契機とする新たな見方は、一九六〇年代の政治学の諸仮定に没頭していた歴史家からの批判を引き起こした。彼らは無意識のうちに『近代化』と『開発』が積極的な、『前進的な』諸力である、と仮定する。しかし『近代化』が本来的に『前進的な』ものだということはない。——世界の意識的、合理的な再組織化は、秩序をも、無秩序をも創り出す。合理的計算の名の下に、最も非合理的な結果が引き起こされることもあるのだ。『近代化』は過酷な結果を生むことがあり、このことがナチズムの経験から学ぶべき重要な一教訓なのである」。

第2章。経済（学）＝エコノミーとは幸福を目的とする国家の行政活動であり、治世＝ポリツァイとは国家にゆきわたるべき秩序の一般的条件にかかわるもの、とされた一八世紀的官房学の世界から、スミス国富論のドイツ導入・受容について研究史批判を交えながら、国家学の盛衰までを描く。著者はこの分野ですでに著作があり、それが前掲のプリダットの本でも参照を求められているように、高く評価されている。

第3章。F・リストの「アメリカ経済要綱」が、さらには彼の経済構想が当時のアメリカ体制派の議論の文脈中にあったことを、アメリカでのハミルトン「報告」やケアリーらの文献を示して跡づける。国民経済の物質的経済構造の理論体系中での明示はシャプタルを超えていたこと、彼の政策代替案がクーパーやレイモンドの論争からきていることも併せて説かれる。

第4章。旧歴史学派のロッシャーとヒルデブラントの特質を説明し、ロレンツ・シュタインを秩序問題の証人に入れている。ドイツ的思考は、経済生活の考察の出発点を人間とその欲求におく。欲求充足—交換—流通—交通—銀行—秩序だった経済的統一体の問題、とつながるなかで、交通論が重視される。方法論争は帰納対演繹の論争だった。講義要綱を利用して経済学者ヴェーバーを紹介している点は一九九〇年以後の常道であるが、当時の大学システムの在り方と重ねているところに著者の問題意識、工夫があろう。新潮流は「近代西洋人」を基礎とした「抽象理論」だとみるヴェーバーは、近代的経済活動の条件に力点をおき、分析的方法に対抗する歴史的方法の敵対者ではなかった。本章から、一八～一九世紀の連続性、シュモラーが「経済学者」でなかったこと、一八九〇年代の経済学の変化のなかでヴェーバーの講義は一九世紀型の（歴史学派のではなく）経済学の「白鳥の歌」だったことが言える、とされている。

　第5章。経営学の形成過程を、とくにケルン商科大学構想、カリキュラム編成、大学や経済学との関連、経営学士資格の意味、学生数などとからませて描写するが、四五ページを割く最長の章である。そのなかでニクリッシュの教科書のもつ革命性や、もとになったシュマーレンバッハ会計学（市場状況と企業パフォーマンスの区別、企業評価の動的枠組）が説明される。商科大学は戦後すべて既存の大学に吸収されるか消滅したという。圧倒的な印象を与える章ではあるが、主題との関連が弱いという感想は残る。

　第6章。「近代人」の合理性と世界を最適に秩序づける能力への信頼を抱く非マルクス主義の社会主義経済運営計画者ノイラートを、当時の経済運営＝管理思想と交錯させて描く。一経営組織の運営なら可能な実物計算も異質な複数目的・効用間では機能しない。だが彼は、貨幣計算の導入は実質的な条件やデータをぶち壊すものだと考えた。こうした社会主義的経済組織の議論は異端と批判者にまかされた。著者は、ミュンヘンの革命後のヴィーンでのノイラートの活動を紹介する。それは国際図像教育制度（International System of Typographic Picture Education, ISOTYPE）に関するものであった。科学と社会は、イメージ（エジプトの象形文字を遠い源としてマックのパソコンのアイコンに到る）を要素とする普遍言語で評価できるようにされるべきだ、というのである。著者はこの論理実証主義者の世界の透明性への希求を、合理主義の一人歩きと懐疑的に見るものの、全否定はしていない。

第7章。『『ビヒモス』は、民主主義的秩序の失敗の研究である。同時に、非妥協的で無秩序な現実に直面した近代政治理論の不適切さの証しでもある。この点から見ると、この書はナチズムの古典的分析というよりはむしろ、われわれの近代世界のジレンマ理解に実質的に貢献するもの』という理由からこの本を検討する。法の支配は計測性及び「正義」観念との関連があったが、後者は一九世紀中に消滅し、二〇世紀には規範的法思考が消滅して非合理性の台頭を見る。競争的資本主義―独占資本主義―ナチスの連続性を見るノイマンやマルクーゼ、キルヒハイマーとは異なり、ナチスは基本となる資本主義的経済秩序にとって代わったポスト資本主義的秩序を示しているのだとするポロックは、命令権と合理的計画形成力を内包する合理的機関、と国家を捉える。二〇世紀には、階層的構造秩序が、合理・非合理を前提する理論の妥当範囲を限定しゆく「断片化」に道を譲っている。ナチスの近代性とは、権力と支配という近代的手段の適用で社会政治秩序を恣意的に再構成したことであり、それは「近代」と「進歩」の啓蒙的結合をゆさぶった。

第8章。共産主義（計画＝経済独裁＝政治独裁）と、自由放任（二九年恐慌が貨幣・信用制度の誤りを証明）

の間の第三の道として市場順応型の経済政策を模索したものが社会的市場経済と呼ばれている。現代経済には計画と規制が必要とされる。経済体制の分類を需給両面での競争と独占の程度という観点からみたのがオイケンの貢献だとして、彼の『経済学の基礎』が分析される。当初はナチス統制経済の平常化が問題であった。彼らの戦後対応は、非ナチ化及び被占領下統制経済脱却の路線として位置づけられ、政策思考の戦後までの連続性が説かれる。総じて社会的市場経済への点は辛い。

第9章。ナチス大蔵大臣ワルター・フンクの中欧と国際経済の協力体制の構想を出発点に、従来別々に説かれたナチスの東西での計画的収奪の関連を示す。そこには異様なまでの合理的・計画的思惟を抱くエコノミストたちが顔を見せる。また人種イデオロギーの下に現れた以前の空間秩序構想や地政学から、フンクの欧州新秩序の企画を経て戦後の欧州経済共同体まで連続性が見られるとするが、この点には批判的な書評もすでに出されている。理性と秩序の互換性発想は現在の経済理論的思考を支配しているが、合理的経済行為の条件への懐疑は弱い。理論装置の純粋度が高まり、分析に適用するときの一貫性が増すほどに予想と結果の不整合が大きくなる、という逆説が生じる。

ノイラートについての補足

第6章に登場するノイラートは、一般にバイエルン革命当時の「完全社会化論」者として、また後の論理実証主義者として知られるにとどまる。ちなみに、森元孝『アルフレート・シュッツのウィーン』（一九九五年、新評論）での紹介を引く。「ノイラートは、論理実証主義のサークルであるエルンスト・マッハ協会の中心メンバーでもあり、ウィーン学団という呼び名は彼に由来する。彼は、経験的社会研究の方法の開拓者でもあり、ラザースフェルトは、彼が所長であった社会経済博物館で仕事をしていた」（三八頁）。

革命後、反逆罪で逮捕された彼に下された懲役判決は執行されず、彼は一九一九年夏にヴィーンに戻り、労働者の住宅建設運動などに関わった。これは彼にとって、具体的な需要に対して資源を一般的原則に従って分配する社会主義的実践の場という意味をもった。二四年、上記の博物館長に就任し、三四年の亡命までこの職にあった。ここで彼は視覚展示方式の開発に関わる。当時の焦眉の問題の一つ、住宅建設計画について、彼は住民たちに、社会経済的条件、人口変動等の情報を与えるため、表や図像を用いた「ヴィーン方式」の展示方法を開発した。これが評判をとり、日頃博物館に縁のない人々までもが多数足を運んだという。この方式は「社会的理解のために、充分な教育を受けてない人々にも、めんどうな書物や統計表で彼らの気をめいらせることなく、基礎的で厳密に科学的な情報を与える」重要な貢献をなすものとされた。彼はさらにこの方式にのっとった教育を学校で展開するためのパンフレットを書き、図像に用いる色の統一的利用法まで指示している。遺稿には「ISOTYPE の目的は以下の通り。可視的手段を用いて知識をできる限り多く伝えること、そしてそれを通じて民族や言語集団の間にある裂け目を小さくするのに役立つこと(*)」と書かれている。オーストリア、ヴィーンならではの切実な事情が彼の活動の背景にあったことは容易に想像できる。トライブは彼の著作が「近代合理主義が啓蒙の一産物であることを示している。これはその特徴であり、またその限界である」とする。読みようによってはノイラートがドンキホーテ役を演じているかの感もあるが、むしろ本書の主題が突き付ける難しさを見事に体現した事例と受け止めるべきであろう。

（＊）Paul Neurath, Elisabeth Nemeth (Hg.), *Otto Neurath oder Die Einheit von Wissenschaft und Gesellschaft*, Wien: Böhlau Verlag 1994, S. 287. これはノイラートの生涯と業績に関する論稿二本と、著作の抜粋を収めたもので、巻末のノイラート著作目録が有益である（ヴィーン労働者運動史協会のマーデルトハーナー博士に、この書物のご教示、および史料の利用許可をいただいたことを感謝する）。

3　『歴史学派における倫理的経済学の理論』

編者ペーター・コスロフスキが主催する「経済倫理学・哲学研究」（Studies in Economic Ethics and Philosophy, SEEP）組織は、「歴史学派の経済学と倫理学。その達成と現代的意義」をテーマとする会議を、一九九四年の「A　旧歴史学派、シュモラー、ディルタイ、ほか」と九六年の「B　リッカート、ヴェーバー、ゾンバルト、ほか」の二度にわたって開催した。本書はAの記録である。編者ははじめに序文で、歴史学派が取り上げられるのは、それ自体の歴史的な関心よりも、経営倫理、経済学、社会学、哲学の現代的な議論に体系的な貢献をなしうるものとしてである、と明言する。だから本書は、狭義の経済学史研究の書物ではない。編者の序論と、全体で五部に分かれた一四本の報告および各報告をめぐる討論のサマリーが収められている。(一、旧歴史学派、二、シュモラー、三、ディルタイ、四、比較分析―日本とイタリアの歴史主義、五、現代思想における歴史と社会科学の体系的諸問題。)第5部に半数の七報告があてられ、会議の性格が示されている。

編者は序論「歴史学派の伝統における倫理的経済学としての経済学」の中で、経済倫理学の対象に、経済生活の中で現実に支配的なエートスと、経済的行為の意識的な道徳的規範と道徳性の双方を定めている。つまり「存在」についての経験科学と「当為」を論じる規範科学の両側面をもつものとして経済倫理学を構想している。経済における倫理的規範の役割が、経済的行為と市場制度の規制、および非道徳的実践に起因する市場の失敗の回避にある、として、市場の失敗と政府の失敗に対置されるべき第三の途としての倫理的調整を提唱する。こうした関心から見ると、ドイツ歴史学派は、決して倫理的局面を純粋な内面的道徳性に還元していたわけではなく、彼らの倫理的経済学がつねに文化、エートス、経済的規範の全体を問題にしていたことが見えてくる。その歴史学派の再評価を要請する理由として次の三点が挙げられている。一、高度に発展した経済における文化的要因の意義の高まり。また経営・経済的意思決定においてその考慮が求められていること。二、経済学徒は異文化遭遇に満ちた世界市場での実践に向けて準備する必要があり、文化理解や異なった経済文化との協調が不可欠となった。それには数理経済モデルはあまり役に立たず、歴史や人文学の教育と、経済学自体の中でも歴史・文化・倫理的側面が強調されねばならない。三、経済の諸制度は、その内部で成員の主観的目的や意義の追求の機会を与えており、つねに文化的意味をもつ。成員が主観的目的を制度やコミュニティの客観的目的に結び付けるのだから、制度の文化的自己解釈が不可欠となる。経済学の文化的倫理的分析では成員の自己理解は秩序形成に資するのであって、秩序は所与ではなく、不断に自ら解釈し解釈される秩序なのである。編者は、こうしたことから歴史学派が、かつて一九世紀にはそうであったように、再び、単にドイツ的アプローチとしてではなく、国際的に多様な科学的アプローチの一つとして検討されなければならない、と序論を結んでいる。

内容に少しだけ触れておけば、一部に配されたロッシャーに関するプリダット報告がヒルデブラントを介して新旧歴史学派の旋回を説明するくだりや、パネコケのローレンツ・フォン・シュタイン論における結社のもつ集権・分権媒介機能の説明が効いている。二部には塩野谷祐一「シュモラーの研究プログラムの方法論的評価」がある。三部のヘレのディルタイ報告をめぐる討論では、コスロフスキが「内的経験」に触れ、社会的事実と自然的事実は別様に経験されること、前者の規範的・文化的事実の経験とはつねに肯定／否定の評価的反省という自己―対象の距離化の行為に結び付いている点を確認しているのが目に付いた。四部では山脇直司が、福田徳三の「福祉闘争」から河合栄治郎の理想主義的自由主義、村上泰亮の「ネオ歴史的自由主義」まで紹介し、討論では、日本の社会科学にはカントの影響が西洋に比して小さく、むしろ功利主義や解釈学的基礎づけが優勢だったことを指摘している。

五部では社会学者や経営学者がむしろ中心となり、経営倫理や経済文化、社会哲学での歴史主義的思考が様々に論じられている。ファン・ルアイク報告「シュモラーの経済的正義論」は、シュモラーが経済と倫理を切り離し、個人の欲求充足には経済的な、コミュニティの目的に貢献する行為には道徳的な価値基準を充てて、市場の道徳性問題には答えることなく分配の正義を論じた、と指摘している。またヨアス報告「コミュニタリアニズム、プラグマティズム、歴史主義」は、パーソンズ学派の鬼子でドイツでは注目されないがアメリカでは重要な位置をしめるコミュニタリアンのエッツィオーニを紹介する。エッツィオーニは、コミュニティと権力の役割を市場と関わらせて論じ、市場経済がコミュニティを破壊する面とそれを前提にしているという二面をもつことは逆説ではない、と主張する。ヨアスは、第一次大戦前アメリカの漸進運動を振り返りながら、エッツィオーニの戦略が新たな価値の生成につながる可能性を問いかけているが、この点は印象的であった。

だが注目すべきはやはり編者コスロフスキ自身の報告である。彼の思想的立場がかなり鮮明に打ち出されている報告「ポスト・モダニズムはネオ歴史主義か？　歴史の絶対性と歴史性について」を最後にやや詳しく紹介したい。

ポスト・モダンとは、モダニストの哲学とその時代をヘーゲルの登場以来支配していた支配的物語への信仰が終焉した時代である。その限りではポパーの言う「歴史主義」(historicism) 批判であるが、それが歴史主義 (historism) でありうるのはなぜか。

「歴史主義」が歴史に絶対性の浸透しているのを仮定する歴史の形而上学であるのに対し歴史主義は現実の歴史が個別の事実性より成り立っていることを説く。ドイツ観念論の歴史哲学では神と人と世界史の違いは絶対性の一元論的過程の中に揚棄されている。その中で、フランツ・フォン・バーダーなどの影響をうけ、後期のシェリンクはヘーゲルの「否定的哲学」を批判しつつ、絶対性の生成という「歴史主義」的思考を残しながらも事実性の認識という立場に到った。すでに思弁を経験的検証にかけよとの要求も出されていた。ドイツ観念論はシェリンクの絶対的啓示史（絶対性の歴史化）とヘーゲルの絶対的論理（歴史性の絶対化）との二つの「歴史主義」の間にバランスをとれなかった。

アナーキーなフランスのポスト・モダンとコスロフスキの言う本質論的ポスト・モダンの二派――いわばヘーゲル左派と右派に対応――は「歴史主義」の脱構築という点で一致する。ポスト・モダンはヘーゲル右派の世界精神の自己実現という支配的物語も、左派の革命による人類の自然からの解放の物語も、もはや信じない。ポスト・モダンの両派が分かれるのは、脱構築から何が積極的に生じるのか、についてである。ポスト・モダンの脱構築は歴史の進行についてのいわゆる絶対知を脱構築することで「歴史主義」の鉄の檻を開ける。「歴史主義」の絶対知の言説は過去・現在・未来を支配しているがゆえに鉄の檻である。この哲学では存在論的楽観主義を基礎として現在の矛盾の解決が将来の「全面的揚棄」に先送りされる。だが歴史がなぜ自由への進歩の歴史となるべきかは示しえない。

歴史の本質把握のためには歴史の歴史性を理解する必要がある。歴史的なものは非歴史的なものが承認されるときにのみ正しく理解されるという洞察から、ランケたちの歴史学派の歴史主義はヘーゲルの「歴史主義」、つまりは絶対的なるものの実現史＝発展史を批判した。人類による絶対性の実現という史観もこの「歴史主義」の謬見をもつ。ここから、歴史の目的実現のために払われる犠牲も正当化された。こうしたドイツ観念論の思弁的「歴史主義」への抗議としてバーダーの哲学や歴史家の歴史論が出されたのである。彼らは、歴史的立場が、全存在の歴史化でも、歴史的なものを存在論化し全体化する（ontologization and totalization）ことでもないことを、明確に示している。後のディルタイやシュモラーらの歴史主義、ないし経済・社会の歴史的理論は、非歴史主義的普遍主義と観念論的思弁の伝統をもった全面的歴史化との半ばに位置する。シュモラーが歴史学派は自然法や抽象的理論の普遍主義的アプローチを論駁したと主張する限りでは、彼は独断論的歴史化の伝統に立つ。普遍的な実体はなにも知りえない、とすればすべては個を超えた時代精神、民族精神の個別的現象と位置づけられる他はない。だがこれとは別に、人文学、社会科学には、文化や経済の歴史的非拘束性への適切な洞察もあった。穏当な形の歴史的立場である解釈学は、理解（Verstehen）があくまで方法として用いられる限りで、文化・歴史科学に、また経済学に役立つのであり、社会と経済の歴史的局面の認識を可能とする。これは歴史学派の成果であった。新古典派経済理論のごとくこの歴史的性格を分離させる社会理論は、歴史的に生じる現象としての社会・経済領域の独自な特質につまづく。

歴史的立場は倫理・文化の相対主義の危険をもつ。「歴史主義」は普遍主義的規範と個別主義的な歴史的慣習を区別できない。シュモラーの行った道徳的な義務や目的と、文化的道徳的慣行との区別も彼には相対的でしかなかった。例の歴史学派の個別化の相対主義と全体化の普遍主義は、歴史的なるものの絶対性で一致し、歴史を超えたもの（神と理念）の領域を否定した。シュモラーの啓蒙的進歩観にあっても倫理的基準が功利主義的な便宜の問題にされている。これでは絶対的人権などの正義は説けない。シュモラーにおける道徳の規範性と事実性の区別の不充分さはすでに当時マリアンネ・

ヴェーバーの批判するところであった。総じて歴史学派は倫理の歴史的解釈につきまとう相対主義の負荷を担っていた。これは規範的経済倫理学で補われる必要がある。ポスト・モダンの歴史主義は、絶対知の体系のうちに絶対的なものを知ることもなければ、それを絶対的なものの追求のうちに放り出すこともない。それを追求する途上にあるのだ。

モダンなくして人間は生きられぬ、人間は歴史内存在だからである。そのことはモダニズムの哲学が絶対であることを意味しない。モダニズムのプロジェクトは歴史を否定する。なぜならそれは、自己の運命の、したがって歴史的社会的発展過程の主人となる人間の自己認識と共に歴史が終わる、と主張するからだ。だが世界の歴史性は否定できない。その意味でポスト・モダニズムは「歴史主義」批判としての歴史主義の再生である。その武器は、歴史的過程と変動についての複数、いや多数の物語、そして救済史という宗教的歴史観である。死と時間の喪失の恐怖がなくなりはせず、その限りは資源獲得の競争も続き、それが歴史的変動の動力となる。個人が死に、人類が世代を継いで生きていくことが世界の歴史性の原因である。ポスト・モダニズムはモダニズムの歴史哲学の克服であり、人間の歴史性を正しい位置に就けなおすものである。モダニズムと「歴史主義」とへの批判としてのポスト・モダニズムは、ネオ歴史主義なのである。

三冊の共通点をしいて挙げれば、著者・編者が同世代であること、日本人研究者との交流の進展を明示していること、であろうか。プリダットは一九五〇年、トライブは一九四九年、コスロフスキは一九五二年の生まれである。プリダットはメンガー理解について八木紀一郎との間でやりとりがあるし、トライブは早島瑛のドイツ大学史研究の成果を大きく取り入れている。コスロフスキの会議では塩野谷祐一、山脇直司が報告者に名を連ねたし、討論者リストには土方透の名もある。九六年の会議では八木も報告している。

現代の主流経済学が市場の理論を核にすえるのに対し、ドイツの伝統的な経済学は経済社会学や経済倫理への指向を強く持つと見られてきた。経済主体が、みな完全情報の条件の下で同一の理性的な将来予測を行ってリスクを避けることになれば、理論モデルの示すような経済の進行が生じるのかもしれない。だが現代資本主義はケインズの説くようにリスク行為を経済発展の要件にすらしてしまった。ただそこにすら行為の斉一性が進行し、シュンペーターの言うようにそれが常軌化して資本主義の安楽死がむかえられる、ということはないであろう。そうした経済現象を把握しようとするとき、歴史学派に強く見られる資源配分の視点は、われわれには「構造分析」の名でなじんでいるものに重なる。その視点から把握されるものはトライブの言う秩序の重要な要素となるはずであり、それゆえにこそトライブのこの書は日本でも読者を得ることとなろう。そうして経済構造以外の秩序を支える規範や法制度が、いや秩序総体も、人間の行為によって作り出されるものであるならば、行為を方向づける倫理をも経済学の中で論じることは可能であるはずだ。例えば地球環境問題の解決に向かう環境倫理に導かれる経済的行為や意思決定が、新たな法秩序や資源配分のあり方を作り出すことになろう。歴史は終ることなく、われわれは不断の移行過程を生きるのであり、信ずる価値を抱いてつねに望ましい未来に自己を投企する。だとすれば、コスロフスキが意図的に採ろうとする立場は（その価値の内容は今はおくとしても）、形式的にはこのような枠組で位置づけられるものであろう。ここに取り上げた三冊は、重なるというよりは、むしろ互いに横につながる形で、経済学史・思想史の可能なスタイルを示している、そう受け止めておきたい。

文献

1　Birger P. Priddat, *Zufall, Schicksal, Irrtum: Über Unsicherheit und Risiko in der deutschen ökonomischen Theorie vom 18. bis 20. Jahrhundert*, Marburg（Metropolis-Verlag）1993, 176S.
すでに（知る限りで）二点の紹介がある。

八木紀一郎「学界動向ドイツにおける経済学史研究――最近の二点を中心に」『経済論叢』（京都大学）第一五三巻第六号、一九九四年。

塘茂樹「書評」『経済学史学会年報』三二、一九九四年、一五一頁。

2 Keith Tribe, *Strategies of Economic Order. German Economic Discourse 1750–1950*, Cambridge (Cambridge University Press) 1995, viii+285p.
トライブについては、Tribe, *Governing Economy: The Reformation of German Economic Discourse 1750–1840*, Cambridge (Cambridge University Press) 1988 の紹介がある。溝端剛「書評」『経済学史学会年報』二七、一九八九年、六〇～一頁。また、1の八木の論稿ではこの書について「方法論的に真面目」と評されている（一一九頁）。

3 Peter Koslowski (Ed.), *The Theory of Ethical Economy in the Historical School. Wilhelm Roscher, Lorenz von Stein, Gustav Schmoller, Wilhelm Dilthey and Contemporary Theory*, Berlin (Springer-Verlag) 1995, xi + 343p.
コスロフスキには訳書がある。

高坂・鈴木訳『ポスト・モダンの文化――技術発展の社会と文化のゆくえ』ミネルヴァ書房、一九九二年。

また来日時の記録としては、『聖学院大学総合研究所 Newsletter』四－二、一九九四年、『聖学院大学総合研究所紀要』第七号、一九九五年、がある。同、第八号、一九九六年、も参照。

山脇直司「市場の社会哲学――市場社会主義と社会的市場経済」『創文』三三〇、一九九二年三月、および、山脇『包括的社会哲学』東京大学出版会、一九九三年、が参考になる。

あとがき

これまでマックス・ヴェーバーを軸にモノを考えてきたが、その過程で研究史を探っていくなかで、ヴェーバー以外の人物を扱う必要があり、そのときどきの発表機会に応じてまとめてみたものを対象の時代順に並べて本書に収めた。ここではヴェーバーとの関連を中心に――きわめて私的な事情ゆえにつながったものも含めて――エピソードを交えながら記しておきたい。

冒頭のクニース論は、教科書用に編まれた書物に掲載されたもの。この手の書にクニースが載ることは常識的にはありえないだろう。この非常識の釈明は、すでに拙著（『ヴェーバー経済社会学への接近』日本経済評論社、二〇一〇年）のあとがきに記したことがある。要は、編集の鈴木信雄氏の無茶ぶりなのだ。ドイツのW・ヘニスが、ヴェーバーを、クニースを含む歴史学派経済学の延長に置いて連続的に捉える、という見方を提出していた（『マックス・ヴェーバーの問題設定』恒星社厚生閣、一九九一年、第三章）ことに関心をもっていたというスキを、鈴木氏に突かれた私が、クニースの章で歴史学派からヴェーバーの手前までを描くという課題を背負い込んだ。この場合、時代背景の説明が重要となるため、それなりの工夫はしたつもりだが、いま見ると力不足の感は否めない。大阪市立大学までクニースの論稿のコピー取りに行った（ついでにいずみホールに行った）り、というご利益もあった。当時、各大学は今ほど手持ち蔵書目録をウェブに出してなかったので、先行して載せた市大図書館は一大メッカの感があった。その図書館内で見た本運びロボットくんには感心した。

一九世紀の経済学観は、昨年（二〇一一年）『立教経済学研究』誌が組んだ特集「小林昇経済学史をいかに受け継ぐのか」に寄稿したもの。小林昇先生（立教の学史ならぬ経済史の院生間では「昇さん」と呼んでいた）のご指導としては、直接にはスミス「法学講義」解読演習の授業をうけたくらいなのだが、同じキャンパスにおられるというだけで、圧倒的な存在感があった。ということは、こちらも少しはまじめに彼の著作を読んだ、ということであろう。ヴェーバーの編集したGdSはシェーンベルク版ハンドブックの後継企画だったから、当のハンドブックは見ておきたかったが、シュルツェ＝ゲーファニッツ遺品図書が九州大学に入っており、このハンドブックが含まれているようなので、出かけた。全冊そろっており、せっかくだからこれを素材に、と取りかかった。昇さんの歴史学派評価は辛く、私は彼の、リスト後のドイツ史の展開についての見方に問題があるのでは、などと思ったりしていた。この作業で結論が出るはずも無く、方法論争の一局面の紹介になった感はあるが、作業中には一九世紀前半についてK・トライブ氏の本をのぞいて楽しむこともできた。結局、昇さんのおかげで一九世紀ドイツ経済学史を鳥瞰する機会を与えられたことになる。きちんとロッシャーにあたること、英仏伊の理論・思想の影響をもっと知ることが必要、と実感している。

ドイツ第二帝政期の政治と経済の実態を背景にヴェーバーを読む作業の中で、彼の立場を相対的に見る必要性を感じたが、一九八一〜三年ころだったか、社会政策学会叢書に掲載されたロッツの論稿を目にした。時代の情勢をうまく描いていて、このロッツを少し追いかけてみようという気になった。

ブレンターノの弟子であり、いわゆる自由主義派の論客に思えたので、ヴェーバーの国民主義的権力政策思考を見るときの補助線に役立つのではないか、との思いがあった。折よく、住谷一彦先生の還暦記念論集の話があり、これに寄稿できた。そのあと、通貨・銀委員会でのロッツについても少し調べた。本書では触れてないが、クニースとロッツの共通点は、ともに交通史の著作があることである。かつて来日中のトイテベルク氏を囲む経済史セミナーで、彼が交通史研究の主要人物を黒板に書き出した。F・リストにはじまりクニース、ロッツも挙げられた。知ってはいたし、両者の当該著作のコピーも入手してはいたのだが、そこに深入りする勇気がなかった。ちょっぴり後悔している。

ナウマン論は、東西ドイツ統一が話題に上ってきた時期の作業である。一九八〇年代の早い時期に、住谷一彦先生が、ドイツの社会的市場経済に関する研究会を組織して下さった。松田智雄先生も来られたその会合では、銀行調査部の方の報告などがあり、私などはもっぱら聞き役だった。それでも、住谷研究室にあったケルン大学のワトリン氏編集の青焼きコピーの論文集やら何やらを友人の手塚真氏と邦訳するなどして勉強した。住谷先生の退職記念論集の話が出たとき、このことを思い出し、どう繋げるかを考えて出した答が経済統合だった。社会政策学会叢書には中欧論に関して、大会議事録を併せるとちょうど千ページほどの論稿が編まれており、これが資料となった。ナウマンはヴェーバーの友人であり、手がかりを得る良い機会だった。また刊行中のヴェーバー全集のある巻に、この中欧構想という時事問題に対するヴェーバーのスタンスが覗けたことも楽しかった。現実のドイツ統一は校正中に「あっという間」に成ってしまい、本文中の見方がいかに甘いものだったかを思い知らされた。政治過程はじつにダイナミックである。脱稿は一九九〇年三月末、手塚氏の結婚式の前日だったと記憶する。

当時まだ修士課程在籍の枡田大知彦君が博士過程に無事進級できたら、小笠原茂先生の還暦記念に枡田君、手塚真氏と私という弟子三人でトライブ『経済秩序のストラテジー』の邦訳書を献呈してお祝いしようと思いついたのは、一九九六年春のこと。この本でノイラートと再会した。先輩の田村信一氏が社会経済史学会でノイラートの完全社会化論を報告したときからずいぶん時間が経っていた。ヴェーバーの『経済と社会』第二章でノイラートが批判されていたのは知っていたが、ギルド運動や図像教育の分野での活動は、トライブ氏の本で知った。そして一九九七年八月、相田慎一氏が秋以降にヴィーン労働者運動史協会（研究所と言うべきか）の訪問研究員となる予定が事情でキャンセルとなり、私がその旨を伝えに所長マーデルトハーナー氏にお会いした。そのとき彼が、何に興味があるか、と尋ねてきて、「オットー・ノイラートは面白そうだ」と、つい口に出した。「ノイラートね、ここにはけっこう資料がありますよ（Ah, Neurath! ist hier ziemlich gut dokumentiert）」と言っていただいたのが始まりだった。少し資料を仕入れ、帰国後、それをも夏休み中の依頼原稿（後述）に利用して、本書にⅦの二として収録したものを書いた。この草稿をアレンジしたものは、トライブ氏の本の訳書の出版社探しのとき役立った。一九九八年に研究休暇が取れ、四月からしばらくはノイラート三昧だった。その手始めに、ここに収めた論稿をいわば俯瞰図として書き、そのあとに（英文でのクニース論作成の中断はあったが）労働者運動と住宅地開発について一本ずつまとめた。当時は思いもよらなかったが、のちの拙著『ヴェーバー経済社会学への接近』の最終章では、ヴェーバーの批判的継承者としてノイラートとポラーニをとりあげることになったのである。トライブ本の訳書は、一九九八年に無事ミネルヴァ書房から出版できた。ノイラートについては、二〇〇五年度の在外研究で住宅地開発運動の面の見通しがついたので、これから思想的な側面に手を出す覚悟を表明した論稿を書いた（「幸福学者ノイラート――知識と実践」、『立教経済学研究』第六〇巻第四号、二〇〇七年）。また最近、ノイラートの論稿「デカルトの迷子」の全文を邦訳紹介する機会をえた（「資料紹介　オットー・ノイラート」『立教経済学研究』第六四巻第四号、二〇一一年）ので、ご覧いただければ幸いである。ついでだが、リストの経済学をアメリカの議論の文脈から説明するというトライブのリスト論は、故高橋和男氏のリスト研究（『アメリカ国民経済学の系譜』立教大学出版会、二〇〇八年）の一つの促進的要素となっていたのではないか、と想像する。

「エミール・レーデラーの位置をめぐって」は、当時すでに雨宮昭彦氏が精力的なレーデラー研究を開始しており、その尻馬に乗って書いたもの。経済学史学会の共通論題でコメント係をやった後に一本書くことになった。ずいぶん前のこと、「マックス・ヴェーバーの会」の二次会で伊東光晴氏が「ケインズでは産出量が一定じゃないのだ」と、えらく強調されていたことが耳に残っていた。この「常識」が学史研究では「ケインズ」を主語とする議論となっていて、その分、レーデラーの不況対応策を解読した雨宮氏の研究の意義は高く評価されるべきである。学会当日のコメントでは、宇野段階論が歴史学派ゾンバルトの初期・盛期・晩期という段階論そのままであることを板書で強調したが、これは本書の小論でも書いておいた。故大塚久雄氏はこれを強調しておられた。ゾンバルトの訳書『高度資本主義』は、「盛期」と読むべきで、歴史用語でも盛期中世とは言うが「高度中世」とは言わない。ゾンバルト『近代資本主義』の始めの方を読んで私も確信した次第。また宇野恐慌論がレーデラー引き写しだということも大塚氏が言っていたことである。若い方々には通じないだろうが、私が大学二年の時に大内力『国家独占資本主義』（東京大学出版会、一九七〇年）が出て、宇野恐慌論〜国独資論の話がさっそく学食での話題にもなるという、そんな時代があった。Ⅶの一として収録したレーデラーについての小論を雑誌『創文』に書くはめになったのは、飲み会で、出たばかりの栗本慎一郎『ブダペスト物語』が話題となり、思うことを勝手に口にしていたら、同席していた創文社の方が、そのまま書いてみては、と振ってきたので、ついそうなってしまった。レーデラー夫妻の写真を収めたルカーチの研究書を見ていたので、ブダペストつながりは面白そうに思えた。私の草稿はあまりに品がなく、二、三度書き直した。口は災いの元だ。

季刊『経済と社会』のレヴューアーティクルは、編集代表だった大石雄爾氏から電話で頼まれたもの。私は、上京してビンボー学生の標本のような生活を学生寮で始めた。三人部屋だった。大学がバリケード封鎖になるまで、安い定食屋、バイト先以外に出かけるところはほとんど無かった。品川区東大井のその寮の、裏は（地図で見れば）東京湾、といってもすでに埋め立てられていて、隣のビル倉庫の上に登って眺めても水さえ見えなかった。寮の前はトラックの通路、後のすぐ上をモノレールが走っていた。飛行機がうるさかった。寮歌の歌詞にある「羽田のひかり」も見えた。月に何度かジョギングする寮生の会があり、夜に品川方面に走ったことがある。大石氏もそこにおられたのである。たしか当時すでに大学院生で、みなに一目置かれている存在だった。その彼の申し出を断ることはできなかった。ただ内容については、ドイツ経済学史領域で、というだけの枠でお受けしたので、勝手な形を採ることができた。プリダット氏の本は未読だったので良い機会となったが、彼のヴェーバー論には「betriebsfremd」の語の指摘があり、我が意を得たりの気分だった。それにしてもヴィーン旅行を含め、猛烈に忙しい夏であった。いまと違い、体力があったのだろう。

おおむね他律的な作業ではあったが、理解は少しずつ進んでいると思いたい。鳥の目と昆虫の目とはよく言ったもので、両方があってこそ、なにかしら「分かる」ことになるのだろう。「ヴェーバーまで」の展開をおぼろげながらイメージできてきたが、私にはまだその先が暗い。本書に収めたものを書く機会を与えて下さった皆さまに感謝するとともに、「ヴェーバーの先」を照らす灯りを得たいと思っている私にこれからもお声をかけていただきたく、お願いする次第である。

転載を許可された出版社・機関には御礼申し上げる。口絵のノイラートの写真は、ノイラート著作集の編者であるグラーツ大学マイノンク研究所のヘーファー（Ulf Höfer）氏に手配していただいたものから選んだ。心より感謝する。著作集6・7の編集作業は終わっているとのこと、まもなく刊行されよう。校正作業中に、あわただしく本書の書名に「I」が付くことに決まり、本年末には「II」も出すこととなった。ノイラートとヴェーバーに早く戻りたいのだが、これまでに扱った緒論点を書籍の形でまとめておくことも必要な作業なのだ、と観念している。本書諸章の対象について別の形で接近した論考が中心となる予定である。唯学書房の村田浩司氏には、しばらくはお世話になりつづける。

二〇一二年四月

小林　純

【著者略歴】

小林 純（こばやし・じゅん）

1950年生まれ、立教大学経済学部教授。

新潟県立高田高校卒業。東京都立大学経済学部、立教大学大学院に学ぶ。

高千穂商科大学講師・助教授、立教大学助教授を経て2000年より現職。

著書

『マックス・ヴェーバーの政治と経済』白桃書房、1990年。

『経済史』（共著）東京堂出版、1998年。

『ヴェーバー経済社会学への接近』日本経済評論社、2010年。

『研究室のたばこ――経済思想史の周辺で』唯学書房、2011年。

訳書

ビーサム『マックス・ヴェーバーと近代政治理論』（共訳）未來社、1988年。

テンブルック『マックス・ヴェーバーの業績』（共訳）未來社、1997年。

トライブ『経済秩序のストラテジー』（共訳）ミネルヴァ書房、1998年。

ドイツ経済思想史論集 I

2012年5月31日　第1版第1刷発行　※定価はカバーに表示してあります。

著　者――小林 純

発　行――有限会社 唯学書房

〒101-0061　東京都千代田区三崎町2-6-9　三栄ビル502
TEL　03-3237-7073　FAX　03-5215-1953
E-mail　hi-asyl@atlas.plala.or.jp
URL　http://business2.plala.or.jp/asyl/yuigaku/

発　売――有限会社 アジール・プロダクション

装　幀――米谷 豪

印刷・製本――中央精版印刷株式会社

ISBN978-4-902225-73-0 C3033

唯学書房の本

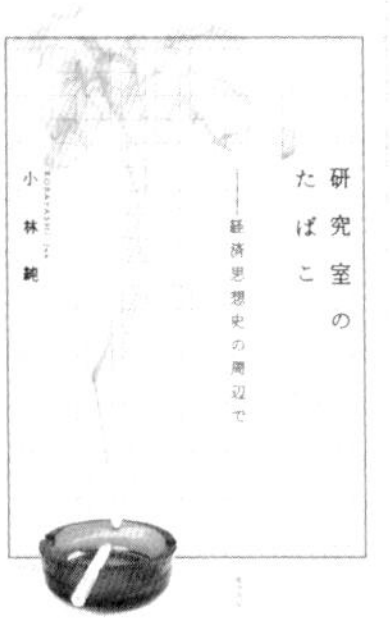

研究室のたばこ——経済思想史の周辺で

小林　純　著

- 四六判、並製、276 ページ
- 定価：本体 1,800 円＋税
- ISBN 978-4-902225-62-4 C0095
- 2011 年 1 月 31 日発行

マックス・ヴェーバーを中心にドイツ語圏経済・社会思想史を研究する著者が、固有の専門分野以外のテーマで発表してきた論稿を収録。学内誌への寄稿、学会誌の書評、学生との読書会、ヴィーンでの長期在外研究中の出来事など、専門分野の研究業績ばかりが注目されがちな研究者生活の「周辺」に光を当てる。

ドイツ経済思想史論集　II

小林　純　著

- 2012 年末刊行予定

〈目次〉

Ⅰ　クニース経済学における「アナロギー」と「ジッテ」の位置価
Ⅱ　二つの「工業労働者問題」項目——シェンベルク版ハンドブックをめぐって
Ⅲ　ドイツ銀調査委員会とワルター・ロッツ
Ⅳ　ドイツの「中欧」構想——経済思想史の視点から
Ⅴ　自由を描く——ヴェーバーのプロジェクト
Ⅵ　ヴィーン住宅建設史のひとこま
Ⅶ　書評